Sprache denkt (fe)male

Simone Burel

Sprache denkt (fe)male

Intelligente Sprache für selbstbewusste und wertschätzende Kommunikation

2., überarbeitete und aktualisierte Auflage

Simone Burel
LUB GmbH – Linguistische Unternehmensberatung
Mannheim, Deutschland

ISBN 978-3-662-61679-6   ISBN 978-3-662-61680-2 (eBook)
https://doi.org/10.1007/978-3-662-61680-2

Die Deutsche Nationalbibliothek verzeichnet diese Publikation in der Deutschen Nationalbibliografie; detaillierte bibliografische Daten sind im Internet über „http://dnb.d-nb.de abrufbar.

Springer
© Springer-Verlag GmbH Deutschland, ein Teil von Springer Nature 2021
Die 1. Auflage ist ursprünglich im Self-Publishing erschienen unter dem Titel „Sprache denkt Female"
1. Aufl. © Simone Burel 2018
2. Aufl. © Springer-Verlag GmbH Deutschland, ein Teil von Springer Nature 2021
Das Werk einschließlich aller seiner Teile ist urheberrechtlich geschützt. Jede Verwertung, die nicht ausdrücklich vom Urheberrechtsgesetz zugelassen ist, bedarf der vorherigen Zustimmung des Verlags. Das gilt insbesondere für Vervielfältigungen, Bearbeitungen, Übersetzungen, Mikroverfilmungen und die Einspeicherung und Verarbeitung in elektronischen Systemen.
Die Wiedergabe von allgemein beschreibenden Bezeichnungen, Marken, Unternehmensnamen etc. in diesem Werk bedeutet nicht, dass diese frei durch jedermann benutzt werden dürfen. Die Berechtigung zur Benutzung unterliegt, auch ohne gesonderten Hinweis hierzu, den Regeln des Markenrechts. Die Rechte des jeweiligen Zeicheninhabers sind zu beachten.
Der Verlag, die Autoren und die Herausgeber gehen davon aus, dass die Angaben und Informationen in diesem Werk zum Zeitpunkt der Veröffentlichung vollständig und korrekt sind. Weder der Verlag, noch die Autoren oder die Herausgeber übernehmen, ausdrücklich oder implizit, Gewähr für den Inhalt des Werkes, etwaige Fehler oder Äußerungen. Der Verlag bleibt im Hinblick auf geografische Zuordnungen und Gebietsbezeichnungen in veröffentlichten Karten und Institutionsadressen neutral.

Titelbild: Marta Sher – stock.adobe.com

Planung/Lektorat: Christine Sheppard
Springer ist ein Imprint der eingetragenen Gesellschaft Springer-Verlag GmbH, DE und ist ein Teil von Springer Nature.
Die Anschrift der Gesellschaft ist: Heidelberger Platz 3, 14197 Berlin, Germany

Vorwort

》Dieses Buch ist weit mehr als ein Business-Ratgeber. Es hinterfragt grundlegende Sprach- und damit Denkweisen, die unser gesamtes Leben prägen. Es gibt Ihnen methodisch angeleitete Ratschläge, wie Sie mit unproduktiven Denk- und Sprachmustern umgehen können, um die Person zu werden, die Sie sein wollen.

Dieses Buch musste geschrieben werden. Es schlummerte in mir – schon seit 32 Jahren. Bereits in meiner Kindheit hatte ich den Wunsch, eine – meine – Geschichte aufzuschreiben. Wenn ich dann abends vom Herumtoben nach Hause kam, waren sie aber wieder in weiter Ferne, die Gedanken, die mich über den Tag getragen hatten, und die Motivation gering, sie wieder auszugraben. Ein paar Tagebücher füllten sie dann später, sowie zahlreiche Brieffreundschaften, die damals in den 90ern Mode waren – weibliche sowie männliche. Ein zusammenhängender Plot wurde nie daraus, nur ein paar kleine Gedichte, Emotionstagebücher und Blogeinträge, bis meine wissenschaftliche Laufbahn mit diversen fachsprachlichen Publikationen in der Linguistik begann. Das Schreiben hat mich immer irgendwie begleitet, auch wenn ich es nicht direkt als Metier ausgewählt hatte. Das Denken auch.

Ich hatte nie geglaubt, dass dieser Punkt so früh in meinem Leben kommen würde, an dem ich behaupten würde, meine Erfahrungen wären reif, sie abzutippen.

Hier aber ist dieser Moment. Ich komme mir (oder besser: ein Teil von mir) fast ein wenig seltsam vor, in meinem Alter bereits von „meiner Geschichte" zu sprechen, die sowohl schreibens-, als auch lesenswert sei – ein typisch weibliches Denkmuster, gegen dessen Aufkommen ich vorerst auch nichts tun kann. Machen wir uns aber klar: Theoretisch könnten die Gedanken eines jeden Menschen, die er oder sie täglich hat, Bände füllen: 13.000 pro Tag, nimmt man an, aber leider wenig neue oder produktive Gedanken finden sich in unserer Denkwerkstatt, da das Gehirn per se ein faules Organ ist, Energie sparen möchte, und nur 2 % der täglichen Gedanken tatsächlich neuartig sind. Denken strengt an. Neue (synaptische) Wege einzuschlagen, umso mehr. Die alten Gedankenautobahnen sind so viel bequemer.

> Zur gendergerechten Sprache: in diesem Buch wird Ihnen mal die männliche, mal die weibliche Form beggenen. Warum das so ist und welche Auswirkungen es auf Sie hat, ob ich von Sprachwissenschaftlern oder Arbeitnehmerinnen spreche – das werden Sie im Laufe der folgenden Kapitel erfahren.

Wenn ich auf mein eigenes Leben zurückschaue, sehe ich diverse gedankliche Staus, Auffahrunfälle und Reifenpannen, die ich angesammelt habe. Lange Zeit habe ich unter Ängsten gelitten, die mich auch körperlich beeinflusst haben. Immer wieder begleitet wurde ich auch von Minderwertigkeitsgefühlen bezüglich meines Charakters, meines Körpers oder meines Werdegangs. Manchmal fand ich mein Leben so anstrengend, dass ich nicht mehr wusste, warum ich es mir ausgesucht hatte.

Mit 16 Jahren habe ich ein Foto von Angela Merkel in unserem Klassenzimmer aufgehängt, da ich fand, Frauen in der Politik seien unterrepräsentiert. In meiner Studienzeit kämpfte ich gegen Tiertransporte und verteilte Flyer in exklusiven Boutiquen gegen das Tragen von Pelz. Später kündigte ich meinen überaus gut bezahlten Job als Kommunikationsleiterin in einem Unternehmen, weil ich die dortige interne Kommunikationskultur nicht unterstützen wollte.

Was sich wie ein roter Faden durch mein Leben zieht, ist das Hinterfragen bzw. Aufbegehren gegen das, was als „normal" gilt und meist (überholte) Bräuche einer bestimmten Gruppe darstellt, die Privilegierte auf Kosten anderer schützt. Diesen „anderen" wollte ich eine Stimme geben – mit meiner Sprache. Nicht umsonst habe ich die Protestsongs der 1968er in meiner Magisterarbeit[1] untersucht. Ich war und bin Zweiflerin und habe immer eine Vision von mir und der Welt gehabt, wie beides noch besser werden könnte.

So studierte und promovierte ich in der Wissenschaft, die sich mit dem Gebrauch der Sprache und deren Regeln beschäftigt: der Linguistik. Mein familiärer Hintergrund ist allerdings nicht akademischer Natur und eher kleinbürgerlich geprägt. Ich war die erste in unserer Familie, die studierte, geschweige denn promovierte, und hatte keine Ahnung vom großbürgerlichen Machthabitus, der mir vielerorts entgegenschlug. Umso aufmerksamer wurde ich darauf, vor allem dann, wenn Menschen ihr Amt oder ihren Titel als Rolle zur Ausübung von Autorität ausnutzen und

---

[1] Burel (2013).

sich als Mensch dahinter versteckten. Ich habe an mir selbst erfahren, wie Aussagen, die andere über die Welt oder über mich trafen, mein Selbst erschütterten, aber auch, wie ich durch den Einsatz von sprachlichen Techniken wieder einen ganzen Teil meines Selbst reaktivieren konnte.

Über zehn Jahre an Sprachforschung, Therapie, Coaching, Fachliteratur und permanenter sprachlicher Selbstarbeit haben mich zu dem gemacht, was ich heute hier offenlege. Einer meiner Studenten hat mich einmal sehr treffend als „fesches Chamäleon" bezeichnet. Ich fühlte mich sehr geehrt, nicht nur weil ich Chamäleons entzückend finde, sondern weil es das trifft, als was ich mich auch selbst sehen möchte (leider ist unser Selbstbild nie zu 100 % mit dem Fremdbild übereinstimmend). Ich bin fast immer bereit, die Farbe zu wechseln, aber ich, und das unterscheidet mich von meinem Reptilienfreund, bestimme die Farbe, nicht meine Umgebung. Ich bin zu unkonventionell für die klassische Business-, aber auch für die Universitätswelt. Daher habe ich mir mein eigenes Universum geschaffen, in dem ich existieren kann.

Wissenschaftliche Erkenntnisse aus der Linguistik sollen für andere verständlich zugänglich gemacht werden!

Während meiner Promotion[2] hatte ich bereits diese Vision und konnte einige Zeit nebenberuflich als Beraterin arbeiten, traute mich aber vorerst nicht komplett in die Selbstständigkeit. 2015 war ich dann sowohl körperlich als auch kognitiv so weit und wagte den Absprung: So gründete ich endlich *LU – Linguistische Unternehmenskommunikation,*[3] die erste linguistische Unternehmensberatung in Deutschland, die sprachlich gesichertes Wissen verständlich macht. Sprache ist das primäre Medium, über das wir Welt

---

[2] Burel (2015).
[3] Mittlerweile LUB – Linguistische Unternehmensberatung GmbH.

und Wissen (er-)fahren und vergegenständlichen – dies vergessen viele Menschen. Alle Systeme, seien es Menschen, Städte oder eben Unternehmen, müssen sich als Teil der Gesellschaft in einen Kommunikationsprozess integrieren. Meist geschieht dies jedoch nicht ethisch oder sprachlich effektiv, wie ich durch meine beruflichen Tätigkeiten erfahren sollte. Das Ziel meiner Arbeit ist es daher, authentische Kommunikation und gegenseitiges Verstehen durch Sprachanalysen zu verbessern. Das weitere (sprachliche) Handeln von Menschen trifft erst dadurch sein eigentliches Ziel.

Wenn die Worte nicht stimmen, dann ist das, was gesagt wird, nicht das Gemeinte. Wenn das, was gesagt wird, nicht das Gemeinte ist, dann sind auch die Taten nicht in Ordnung, sagte bereits Konfuzius. Meine Begeisterung, Menschen das nötige Verständnis für Sprache und Kommunikation mit auf ihren Weg zu geben, war der Grundstein meines bisherigen Werdegangs und sollte nun endlich niedergeschrieben werden.

Dieses Buch ist also eine Mixtur aus Erfahrungs- und Fachwissen, das ich bis dato angesammelt habe, das ich bereits an diverse Teilnehmerinnen in Seminaren, an Studierende und andere Interessierte weitergegeben haben. Es ist das ehrlichste Ich, das ich in diesem Moment des Schreibens sein kann.

Inzwischen lebe ich durch meine Selbstständigkeit mit einem vergleichsweise großen Anteil an äußerer Unabhängigkeit, was sich auch in anderen Bereichen in meinem Leben niederschlägt, z. B. in meinem Konsum-, Besitz- und Ernährungsverhalten: ich bin genau diejenige, die ich jetzt gerade sein möchte, beruflich und privat (die künstliche Trennung durch *beruflich oder privat* können Sie ab jetzt aus Ihrem Wortschatz streichen, da sie nicht existiert. Beide Bereiche beeinflussen sich ständig, wir geben unsere Persönlichkeit ja nicht an der Eingangspforte ab).

Es ist eine der Aufgaben, die ich mir selbst gestellt habe, anderen Menschen das Wissen um die erfolgreiche sprachliche Positionierung weiterzugeben, um sie zu ermuntern, das Selbst zu werden, das sie sein möchten. Mit regelmäßigem sprachlichen Training ist genau dies möglich: am eigenen Denken zu arbeiten und auf lange Sicht auch Veränderungen an sich zu erwirken. Das eigene veränderte Verhalten wird Auswirkungen auf die Wahrnehmung anderer haben, denn diese bekommen dadurch wiederum die Möglichkeit und den Impuls, sich und ihre sprachliche Handlungsweise zu überdenken.

Die Grenzen meiner Sprache sind die Grenzen meiner Welt – diese Ansicht vertrat Sprachphilosoph Ludwig Wittgenstein bereits vor fast 150 Jahren. Das Buch und ich möchten dazu beitragen, dass Sie diese Grenzen verschieben und möglicherweise andere Ausfahrten von der Autobahn nehmen wie bisher. Es möchte Sie bestärken und ein Ratgeber für Ihre Wort- und Denkwahl sein. Jeder kritisch reflektierende Mensch kann sich angesprochen fühlen. Moderne Rollenkonzepte gehen weg von einem Schwarz-Weiß-Denken, das immer mit Machtgefällen verbunden ist, hin zum flexiblen weiblich – männlichen Rolleninventar (das Zukunftsinstitut spricht hierbei etwa vom Gender Shift).[4]

Wir müssen uns klar darüber sein, dass in der zukünftigen Arbeits- und Lebensgesellschaft Sprache eine noch viel größere

---

[4] Nach der ersten Welle der Frauenbewegung zu Beginn des 20. Jahrhunderts, bei der unter anderem das Wahlrecht im Fokus stand, setzte in den 1960er-Jahren die zweite Welle des Feminismus ein. Das theoretische Fundament legte die Philosophin Simone de Beauvoir mit ihrem Buch Das andere Geschlecht (1951), die Bewegung war geprägt von dem Leitspruch „Das Private ist politisch" (Korbik 2014). Um das Jahr 2007 findet ein Übergang vom Feminismus der zweiten Welle zum jüngeren Feminismus statt (intersektional ausgerichtet: mehrere Diskriminierungsformen in einer Person, z. B. Sexismus und Rassismus). Themen sind der positive Zugang zum Körper (body positivity), zur Sexualität und Kritik an Frauenbildern in den Medien. Viele feministisch eingestellte afroamerikanische Personen bezeichnen sich inzwischen nicht mehr mit dem Wort Feministin, das in vielen Diskursen leider immer noch als Stigmawort gilt, sondern als Womanistin (Sahin 2019).

Rolle spielen wird als gegenwärtig, denn Zeit und Ort des Handelns werden unwichtiger. Heute schon ist es möglich, ein eigenes E-Business zu unterhalten und dabei durch verschiedene Länder zu reisen. Dieses Modell trägt einen interessanten Namen: digitales Nomadentum. Blogger wie Markus Cerenak oder Conni Biesalski stehen dafür ein. Das Internet macht aber auch Fernbeziehungen oder Familienkonferenzen, die über 2000 km Distanz überbrücken, möglich.

Die folgenden Seiten werden Ihnen die Grundlagen unseres *Denkens* und *Sprechens* darlegen, damit Sie selbst Ihre Schlüsse daraus ziehen und Handlungsempfehlungen für Ihr (Berufs-)Leben daraus ableiten können. Hilfe setzt jedoch Eigeninitiative voraus. Ohne Eigeninitiative kein Buch, ohne Interesse (lat. „zwischen etwas sein", „an etw. teilnehmen"), kein individuelles Lernen, keine Weiterentwicklung. Das setzt ein gegenseitiges Agreement voraus: Ich brauche von Ihnen aktive gedankliche Mitarbeit und eine sorgfältige Lektüre. Selbstreflexionen, Wortbeispiele und Ihre eigene Marke, die Sie im Laufe des Buches erarbeiten werden (inkl. Projektplan), unterstützen Sie auf dem Weg zu IHREM Selbst, durch:

- eine strukturierte Übersicht & Abhilfe bei eigenen Denkfallen (z. B. Glaubenssätze überwinden)
- eine Erweiterung eigener sprachlicher (und damit) kognitiver Grenzen
- eine Eliminierung von Wörtern mit negativem Impact
- eine höhere Sprachsicherheit und -qualität in der eigenen Kommunikation
- eine Imageverbesserung durch einen sicheren Sprachauftritt
- eine verstehensorientierte wertschätzende Kommunikation mit anderen

Lassen Sie uns gemeinsam den Weg auf der Autobahn starten und zusammen unbeachtete Informationsschätze heben, die „zwischen den Zeilen" bei Ihnen liegen. Um nicht nur in einen Monolog zu verfallen, sind in regelmäßigen Abständen Denk- und Schreibübungen für Sie integriert (siehe: Jetzt sind Sie dran!). Eine Menge spannender Links und Anregungen zum Weiterlesen gebe ich Ihnen ebenfalls mit, falls Sie ausgewählte Themen vertiefen möchten.

Ich freue mich nun darauf, Sie als Beifahrerin begleiten zu dürfen und wünsche Ihnen eine inspirierende Lektüre!

Ihre Simone Burel

Literatur

Beauvoir, Simone de (2009 [1951]): Das andere Geschlecht. Reinbek bei Hamburg: Rowohlt.

Biesalski, Conni (2020): Planet Backpack. https://www.planetbackpack.de/ (letzter Zugriff: 26.05.2020).

Burel, Simone (2015): Identitätspositionierungen der DAX-30-Unternehmen. Die Sprachliche Konstruktion von Selbstbildern in Repräsentationstexten. Berlin/Boston: de Gruyter. Zugl.: Univ. Diss. Heidelberg (Sprache und Wissen, 21).

Burel, Simone (2013): Politische Lieder der 68er – Eine linguistische Analyse kommunikativer Texte. Mannheim: Institut für deutsche Sprache (amades, 46).

Cerenak, Markus (2013–2020): Die kleine Rebellion gegen das Hamsterrad. https://markuscerenak.com/ (letzter Zugriff: 26.05.2020).

Korbik, Julia (2014): Stand Up. Feminismus für Anfänger und Fortgeschrittene. Berlin: Rogner und Bernhard.

Sahin, Reyhan a.k.a. Dr Bitch Ray (2019): Yalla, Feminismus! Stuttgart: Tropen.

Zukunftsinstitut (2018): Megatrend Gender Shift. https://www.zukunftsinstitut.de/dossier/megatrend-gender-shift/ (letzter Zugriff: 26.05.2020).

Inhaltsverzeichnis

Teil I Denken

1 Wörter machen Leute   3

2 Stereotype: Wir denken in Schubladen   11

3 Männer und Frauen zwischen Biologie und
   sprachlicher Sozialisation   27

4 Ich denke, also bin ich? – Wie Sie der menta-
   len Selbstsabotage entkommen   49

5 Gedanken schreibend strukturieren: Kommu-
   nikation mit dem Unaussprechlichen   65

Teil II Sprechen

6 Sprache als Kleidung der Gedanken   75

7 Marke w – weiblich wertvoll   87

8 Gute und böse Themen   99

9 Kommunikation ist permanentes Missverstehen   111

10 Von geschlechtsspezifischem Sprechen zu
   empathischer Kommunikation   125

XIV Inhaltsverzeichnis

11 Kommunikationsherausforderungen in der Arbeitswelt 4.0   141

12 Fazit   151

Teil I

Denken

Der erste Teil des Buches setzt sich mit Grundsätzen unseres Denkens und seinen sprachlichen Auswirkungen auseinander. Bei Erwachsenen gibt es kaum Denkvorgänge, bei denen Sprache keine Rolle spielt – besonders im Berufsleben. Da wir alle jeden Tag Sprache verwenden, meinen wir, Sprachexpertinnen zu sein und klar auszudrücken, was wir wollen. Leider stimmt diese weit verbreitete Annahme nicht. Das eigene Gehirn ist gar nicht in der Lage, alle Wörter aufzunehmen und zu verarbeiten, die wir täglich produzieren oder rezipieren. Sie lernen einschlägige gängige Sprachmuster kennen (z. B. der male Bias oder bildlich gespeichertes Wissen in Metaphern) und inwiefern es Unterschiede zwischen Männer- und Frauensprache gibt. Weiterhin wird gezeigt, wie diese Sprachmuster auf die alltägliche Stereotypenbildung Einfluss nehmen und welche Wechselbeziehungen zwischen biologischen Faktoren und Sozialisation bestehen. Der Fokus liegt dabei auf Frauen- und Männerbildern in der Berufswelt und in den Medien. Damit stehen verschiedene strukturelle und

2 Denken

individuelle Barrieren in Zusammenhang, die berufliche und politische Aufstiegsmöglichkeiten von Frauen behindern. Sie lernen, eigene negative Denkmuster oder Glaubenssätze zu erkennen und mittels Sprache in positive umzuwandeln.

1

Wörter machen Leute

> »Was tun Menschen ca. 70.000–100.000 mal pro Tag? Sie produzieren Wörter, die beruflich und privat über Erfolg oder kommunikativen Bruchlandung entscheiden. Das betrifft Sie genauso wie mich!

Bilder werden von uns zwar schneller wahrgenommen, aber umso rascher auch wieder vergessen. In unserer Lebenswelt – nicht nur online – sind wir permanent von (sprachlichen) Zeichen umgeben: angefangen beim Toilettenschild „Damen" bis hin zur bunten Social-Media-Welt mit ihren Posts, Memes, Comments und in rasant zunehmendem Ausmaß Bewegtbildern (Videos). Themen werden eingeführt, diskutiert, bewertet, ein Wort führt zum anderen. Es sind, genau genommen, Menschen und keine Maschinen, welche die Kommunikationsströme im Internet verursachen. Auch analog gilt das Gesetz: Eine Aussage, die jemand „in den falschen Hals bekommt", kann für einen krisenbehafteten Arbeitstag oder Abend im Privaten sorgen.

Es ist letztlich die Macht der Wörter und deren Interpretation, mit der wir erfolgreich oder desaströs durch unser (Berufs-)Leben kommen. Diese Sprachmacht und unsere Kontrolle darüber werden jedoch von fast allen Menschen unterschätzt bzw. nicht ausgeschöpft.

> Da wir alle jeden Tag Sprache verwenden, meinen wir, automatisch Sprachexpertinnen zu sein und klar auszudrücken, was wir wollen.

Leider stimmt diese weit verbreitete Annahme nicht, denn das eigene Gehirn ist gar nicht in der Lage, alle Wörter aufzunehmen und zu verarbeiten, die wir täglich produzieren oder rezipieren. Zudem reflektieren die wenigsten Menschen ernsthaft darüber, was sie zu wem in welcher Weise selbst gesagt haben. Das können sie, ehrlich gesagt, auch gar nicht vollends: Sprachverarbeitung läuft zum großen Teil unbewusst ab. Wir vermischen Welt- und Erfahrungswissen aus früheren Gesprächen mit dem aktuellen Wortsalat, legen unsere Interpretationen darüber und halten dies dann für das Gesagte. Selbiges gilt für die Aussagen, die wir hören. Diese Tatsache wird immer wieder in der Polizeiarbeit ersichtlich, wenn Zeugen mehrmalig ihre Aussagen wiederholen. Jede hat etwas anderes gesehen – und bei jeder erneuten Befragung verändert sich die Aussage ein wenig. Sie können das an sich selbst testen, wenn Sie versuchen, mehreren Menschen die gleiche Geschichte zu erzählen – haargenau dieselbe wird es nie werden.

Wer nimmt schon täglich alle Gespräche auf Handy oder Aufnahmegerät (soll es ja noch geben) auf, um die eigene Sprache auf ihre Konsistenz hin zu analysieren? Nur ein paar verschrobene Sprachwissenschaftlerinnen oder Psychologinnen allemal.

Der bewusste Fokus auf die eigene Sprache lohnt sich allerdings. Er fördert nicht nur Sprachbewusstsein und Sprachkompetenz, sondern grundsätzlich auch eine kritisch-reflexive Geisteshaltung, mit der frau sich auf ins Leben macht. Sprechen und Denken sind dialektisch miteinander verbunden. Bei Erwachsenen gibt es kaum Denkvorgänge, bei denen Sprache keine Rolle spielt – besonders im Berufsleben. Unsere Gedanken bleiben vom Sprechen nicht unbeeindruckt sowie umgekehrt. Mit Sprache kann frau motivieren, aber auch Vorurteile aufrechterhalten. Anders gesagt: Soziale bzw. gesellschaftliche Zusammenhänge werden durch Sprache geschaffen, Sprache wiederum durch gesellschaftliche Zusammenhänge geprägt. Beispielsweise ist die Einführung der Frauenquote Ausdruck der Emanzipation der Frau in der deutschen Gesellschaft, das Wort *Quotenfrau* mit den mitschwingenden negativen Bewertungen dagegen ein sprachlicher Niederschlag dieser gesellschaftlichen Entwicklung.

Die folgenden Kapitel werden sich daher mit Grundsätzen unseres Denkens und seinen sprachlichen Auswirkungen auseinandersetzen, die Ihnen nach deren Kenntnis hoffentlich das Leben erleichtern werden.

Ich denke, du denkst, er denkt, sie denkt ...

》Haben Sie eigentlich gemerkt, dass ich auf den letzten Seiten das generische Pronomen *man* permanent durch *frau* ersetzt sowie weibliche Pluralformen verwendet habe?

Es sollte Ihnen aufgefallen sein, da es von unseren gängigen Sprachmustern abweicht, die den sogenannten *male Bias* („männliche Verzerrung") enthalten. Dies bezieht sich auf die Verwendung des generischen Maskulinums *man* sowie männlicher Bezeichnungen (*Mitarbeiter, Freunde*). Weil wir diese Art zu sprechen jeden Tag selbst nutzen, von anderen hören und in den Medien lesen, fällt uns die überwiegend männlich Fokussierung aber gar nicht mehr bewusst auf.

In meinen Vorträgen oder Vorlesungen melden sich die teilnehmenden Personen meist nach etwa zehn Minuten und thematisieren, dass ich permanent von *frau* oder *Mitarbeiterinnen* spreche. Es ist für ihr Ohr (und Auge) so ungewohnt, dass es ihnen von Beginn an sogleich auffällt. Manche beschreiben es als konsequent, andere auch als unnötig oder gar übertrieben – suchen Sie sich etwas davon aus. Letztens habe ich einen Vortrag der genialen Philosophin Dr. Regula Staempfli gehört, die ihre Zuhörer mit den Worten *Liebe Menschen mit Menstruationshintergrund und jene mit anderen Abgründen* begrüßte – auch eine erfrischende Variante!

Warum ist es so wichtig, sich über diesen Umstand Gedanken zu machen? Ein Großteil unseres Denkens läuft unbewusst ab, so auch unsere Sprachverarbeitung. Daniel Kahnemann hat diesen Umstand in seinem großartigen Werk „Thinking, Fast and Slow" für uns alle verständlich gemacht. Selbst wenn uns das generische Maskulinum, das wir permanent verwenden, also gar nicht bewusst auffällt, hat es dennoch Einfluss auf die inneren Bilder, die vor unserem geistigen Auge entstehen. Testen Sie es doch einmal selbst an sich!

> **Jetzt sind Sie dran!**
> An wen oder was denken Sie beispielsweise beim Wort *Chefarzt*?

Das Chefarzt-Rätsel ist ein Projekt des Gleichstellungsrates in Zusammenarbeit mit dem Fachgebiet Medienpsychologie und -konzeption an der Technischen Universität Ilmenau. Es besteht aus einer kurzen Narration über einen Vater und seinen Sohn, die eine Autopanne erleiden und auf einem Bahnübergang liegen bleiben. Unglücklicherweise kommt ein Zug und fährt das Auto an. Der Vater verunglückt an der Unfallstelle und der Sohn wird in die Notaufnahme gebracht. Der Chefarzt, Dr. Schmidt, wird gerufen und über den Zustand des Patienten aufgeklärt. Sobald der Chefarzt den Patienten jedoch sieht, verlässt er den OP. Es stellt sich heraus, dass der Patient der Sohn des Chefarztes ist. Daraufhin folgt die Frage, wie der Patient gleichzeitig Sohn des Chefarztes und des verstorbenen Mannes sein. Die Lösung ist, dass es sich bei besagtem Chefarzt um eine Frau, eine Chefärztin, handelt. Ihr *Chefarzt*, den Sie gerade vor sich sehen, ist höchstwahrscheinlich männlich, wenn Sie ehrlich zu sich sind. In unserem Geist sind Bilder weiterhin gegendert. Studien haben gezeigt, dass Versuchsgruppen bei der Verwendung des generischen Maskulinums (*man, Mitarbeiter, Chefarzt*) eher an eine männliche Person denken. Die Anzahl derjenigen, die auch an Frauen denken, steigt jedoch, wenn beide Geschlechter (*Chefärzte und -ärztinnen*) oder nur die weibliche Form genutzt werden, wie in der Studie *Können Geophysiker Frauen sein?* (Braun et al. 1998) nachgewiesen wurde.

Ein kleines Quiz

- F – emale
- R – ationalität
- A – ttraktivität
- U – ngehorsam

Um nachzuweisen, wie fehleranfällig unser Denken ist, starten wir mit einem Quiz. Die Idee hierzu stammt von einem meiner Vorbilder, Vera Birkenbihl, einer der wenigen erfolgreichen weiblichen Management-Trainerinnen Mitte der 1980er-Jahre, die leider schon viel zu früh an einer Lungenembolie im Jahr 2011 verstorben ist. Sie hat mit ihren Vorträgen zu den Themen Geschlecht, Motivation sowie gehirngerechtem Lernen bereits vor gut 30 Jahren bildlich vor Augen geführt, wie unser Denken und Lernen funktioniert. Ich habe sonst noch niemanden gesehen, der auf dem Overhead-Projektor solche visuell ansprechenden Folien mit Akronymen kritzelt (das sind die Wörter im obenstehenden Kasten).

Zurück zu unserem Quiz: Ich stelle Ihnen nun zwei Fragen und Sie antworten bitte intuitiv.

> **Jetzt sind Sie dran!**
>
> spricht mehr, Mann oder Frau?
> Hätten oder haben Sie lieber einen Finanzberater oder eine -beraterin?

Die spontanen Antworten sind, zumindest bei den meisten Personen, die ich in den letzten drei Jahren dazu befragt habe, relativ ähnlich.

Zu Frage 1: Frauen werden häufiger als *redselig* oder *kommunikativ* bezeichnet, was sich auch in den deutschen Wörtern *Quasselstrippe, Klatschtante* oder *Klatschbase* wiederfindet, im Englischen gibt es hierfür das Wort *chatterbox* (was bereits Jane Austen ihren Protagonistinnen anlastete). Empirisch konnte dies jedoch bislang nicht bestätigt werden. Frauen reden situativ möglicherweise mehr, z. B. in einem Paargespräch, Männer wiederum in einem geschäftlichen Meeting. Diverse Studien belegen dagegen, dass Männer sogar tendenziell eine längere Redezeit beanspruchen, häufiger Unterbrechungen vornehmen oder Gesprächsthemen bestimmen. Hierzu aber später mehr.

Zu Frage 2: Assoziationstests aus dem Bereich Behavioral Finance der Universität Mannheim haben gezeigt, dass die meisten Testpersonen das Wort *Finanzen* eher einem männlichen Berater zuordneten. Betrachtet man jedoch die Performance von Finanzprodukten in der Realität, wurde herausgefunden, dass die von den wenigen weiblichen Beraterinnen gemanagten Fonds besser abschnitten! Regelmäßig behaupten Teilnehmerinnen in meinen Seminaren jedoch bei dieser Frage, ihnen sei das Geschlecht egal. Ich glaube ihnen das sogar, denn da spricht ihre Großhirnrinde (der Sitz des verehrten rationalen Denkens) aus ihnen, aber ihre evolutionstechnisch älteren Gehirnteile – das sind dann auch diejenigen, die darüber entscheiden, ob sie sich mit einer Entscheidung gut oder schlecht fühlen – machen ihnen leider gehörig einen Strich durch die Rechnung. Wir sind eben nicht, wer wir denken zu sein bzw. wir denken nicht, wie wir sind. Theorie ist nicht Praxis. Hypothetische Gleichstellung bedeutet nicht automatisch gelebte Gleichberechtigung.

Beobachten Sie einmal die Gesichter oder Ihr eigenes Gehirnrauschen, wenn sich eine weibliche Captain meldet.
Genauso wie *Chefarzt* wird *Pilot* oder *Captain* nicht mit einer Frau assoziiert – wir sind irritiert und verunsichert, wenn wir plötzlich eine weibliche Stimme aus dem Lautsprecher hören, da wir andere Vorerfahrungen gemacht haben, nämlich dass Piloten männlich sind. Ich sehe dies sogar bei mir selbst: Gestern hörte ich eine weibliche Stimme in meinem Garten und wunderte mich, da doch nur die *Gärtner* anwesend waren (genau: Gärtner sind alle männlich in meinem Gehirn).
Diese Eingangsfragen zeigen, wenn wir ehrlich zu uns selbst sind, Folgendes: Wir haben bestimmte Bilder in un-

serem Kopf, wie die Welt unseres Erachtens zu funktionieren hat. Meist beruhen diese Einteilungen auf dichotomischen Denkmustern, z. B. oben-unten, vorne-hinten, heiß-kalt, schwarz-weiß, innen-außen, gut-schlecht, aber auch weiblich-männlich. In der Linguistik spricht man dabei auch von *Stereotypen*, d. h. vorgefertigte Bilder der Welt, die uns das Zurechtkommen in dieser erleichtern. Stereotype sind ein Bündel vorauseilender Annahmen, die sich auf Fähigkeiten und Kompetenzen beziehen, die im Alltag unvermeidbar und harmlos erscheinen, jedoch in beruflichen Kontexten Probleme verursachen.

Weicht eine Situation von unserem bisherigen Wissen ab (Bsp. Pilotin), stellt dies unser Kategoriensystem, das wir in anstrengender Lebensarbeit gebildet haben, in Frage. Solche Abweichungen sorgen im Gehirn für Irritation und dadurch für einen höheren Energieaufwand. Daher versuchen wir lieber, solche Vorfälle zu vermeiden und arbeiten mit unseren durch Erfahrungen und Vorwissen fest etablierten Kategorien, wie *Piloten sind männlich*. Je nachdem, wie groß nun unsere persönliche Bereitschaft ist, Unsicherheit oder Neuartigkeit zu akzeptieren (die Psychologie nennt dies Ambiguitätstoleranz), verdrängen oder negieren wir Abweichungen schnell, empfinden Neugierde, wenn die Welt doch anders zu sein scheint, als wir dachten, oder sind verunsichert und verängstigt.

Im nächsten Kapitel werde ich näher auf die in unserer Gesellschaft vorherrschenden Geschlechterstereotype eingehen.

Literatur

Braun, Friederike; Gottburgsen, Anja; Sczesny, Sabine; Stahlberg, Dagmar (1998): Können Geophysiker Frauen sein? Generische Personenbezeichnungen im Deutschen. In: Zeitschrift für Germanistische Linguistik 26(3), S. 265–283.

2

Stereotype: Wir denken in Schubladen

> **»** Wird ein Personalmanager etwa gefragt, ob sich Frauen im Durchschnitt genauso gut für Führungspositionen eignen wie Männer, wird er dies vielleicht bejahen. Trifft er jedoch auf eine in seinem Unternehmen neu eingestellte weibliche Führungskraft, ist es sehr gut möglich, dass er seine Erwartungen ihr gegenüber spontan (unkontrollierbar und unbewusst) im Vergleich zu ihren männlichen Kollegen senkt, da er Frauen implizit weniger Führungsqualitäten zuschreibt als Männern.

Wir teilen unser gesamtes Wissen, das Fachwissen sowie alte und neue Erfahrungen, in vorgefertigte Kategorien ein, um unseren Entscheidungsprozess zu erleichtern. Diese Kategorien sind durch die Stereotype bereits vorgegeben. Einfacher gesagt: Stellen wir uns die Stereotype als Schrank vor, der eine bestimmte Schubladenanordnung hat – das sind dann die Kategorien. Daher kommt auch das Wort *Schubladendenken*.

> **Tipp**
>
> Ich empfehle Ihnen hierzu das Buch „Kleine Einführung in das Schubladendenken" von Jens Förster (2008).

Die gesamte Wirklichkeit mit allen Sinneswahrnehmungen und -eindrücken zu erfassen, zu vermessen und neu zu kategorisieren, wäre viel zu energieraubend für uns. Wir müssen daher jeden Tag kognitiv Komplexität reduzieren, um in unserer Umwelt und der diversifizierten (Geschäfts-) Welt, zurechtzukommen. Es sind Erwartungen, wie sich Dinge oder Mitglieder von Gruppen verhalten, wie sie aussehen und welche Fähigkeiten sie haben, z. B. „Alte sind weise", „Schwule sind kreativ" oder „Afrikaner sind schnell". Dieses Vorgehen hat durchaus eine sinnvolle Funktion, wenn wir mit der Brille der Evolutionsbiologie darauf schauen:

Damals, als wir in der Savanne etwas Großes, Haariges mit dunkler Mähne und spitzen Zähnen auf uns zurennen sahen, mussten wir nicht unbedingt über die Rückschlüsse, die uns eine Analyse der Haarstruktur erlauben würde, philosophieren, sondern schlichtweg wegrennen.

Auf die heutige westliche Gesellschaft übertragen: Wenn wir jedem Menschen erst erklären würden, wie ein Computer funktioniert, bevor wir ihm eine E-Mail senden, hätten

2 Stereotype: Wir denken in Schubladen

wir den ganzen Tag damit zu tun. Sprachlich schlägt sich diese kognitive Komplexitätsreduktion etwa in der Phrase *nicht bei Adam und Eva anfangen* wieder.

Kommen wir nun zurück zu unserem Thema: Stereotype der Geschlechter. Der Soziologe Michael Kimmel, der gern als *Männerforscher* beschrieben wird (möglicherweise haben Sie sein Buch „Angry White Men" gelesen), untersucht seit vielen Jahren die Soziologie des Mannes und beschreibt Stereotype auch als „unconscious bias", kognitive Wahrnehmungsverzerrungen, wie z. B. Vorurteile oder andere Denkfehler, die meist in ihrer Auswirkung unterschätzt werden. Wir alle haben Unconscious Biases, denn nur so können wir in unserer komplexen Umwelt überleben. Sie richten aber auch Schaden an, was der Cowboy-Mythos, den Kimmel als westliches Männerbild beschreibt, zeigt:

The traditional definitions of masculinity cluster around several attributes such as being unemotional (not showing one's feelings, being stoic, never crying), being aggressive and competitive (risk taking, competitive, favoring hierarchy), being autonomous and independent (not dependent on others, working alone). In a sense, our unconscious biases tend to favor men who embody what we might call „the cowboy myth" – cold, hard, aggressive, autonomous and isolated, and always willing to settle problems with violence. […] Not only is the cowboy aggressive and competitive – and isolated and lonely – but he also is completely dedicated to the job […] (Kimmel 2015, S. 87)

Nicht nur isolieren sich Männer bei Problemen stärker, was sich auf eine erhöhte Selbstmordrate unter Männern auswirkt, ihre Risikoaffinität hat u. a. 2008 auch dazu geführt, dass eine globale Finanzkrise ausgebrochen ist. Der Linguist Steven Pinker beschäftigt sich in seinem Buch „The Better Angels of Our Nature. Why Violence has Declined." ebenfalls mit dem Cowboy-Mythos. Er vertritt die These, dass die Gewalt unter Menschen in unserer Geschichte abgenommen hat und dies möglicherweise mit dem zunehmenden weiblichen Mitspracherecht in der Welt zusammenhängt. Wie sieht dieses Mitspracherecht im Jahr 2020 nun aus?

Frauen- und Männerbilder

> » Heiner Thorborg, ein bekannter Personalberater, wurde im Rahmen der Studie Gender Diversity 2017 (Buchhorn 2017) gefragt, warum sich viele Top-Manager damit schwer tun, Frauen für eine Führungsposition vorzuschlagen: „Viele Männer haben mit Frauen nicht als Kollegen zusammengearbeitet. Schon gar nicht in höheren Positionen. Sie konnten sich nicht vorstellen, dass man mit Frauen auf Augenhöhe arbeiten kann."

Diese Antwort empört Sie möglicherweise, dennoch stellt sie einen normalen Umgang mit Musterbrüchen dar, die zu Unverständnis oder Missverstehen führen, wenn sie ungenügend reflektiert werden. Interessanterweise findet sich diese Irritation nicht nur bei männlichen Kollegen, sondern auch bei Mitarbeiterinnen, die aufgrund der Frauenquote plötzlich eine weibliche Vorgesetzte bekommen. Diese neue Führungssituation ist ungewohnt, denn lange Zeit war unser Stereotyp „Führungskraft" aufgrund unserer

2 Stereotype: Wir denken in Schubladen

Lern- und Medienerfahrungen ausschließlich männlich besetzt. Weibliche Vorgesetzte werden daher häufig von beiden Geschlechtern als *bissig* oder *eiskalt* beschrieben. Unsicherheiten tauchen darüber aber ebenfalls auf Seiten der neuen Führungsfrauen auf, was Tagebuchstudien offenbaren. Sie sind verunsichert, haben keine weiblichen Role Models und versuchen sich vom Verhalten männlicher Führungskräfte zu distanzieren, um eine eigene weibliche Rolle auszubilden. Dass diese dadurch manchmal zu ambitioniert „gelebt" wird, könnte das beschriebene Verhalten erklären. Diese Überkompensation auf dem Kontinuum männlich-weiblich, die mit besonders hervorgehobener „Stärke" einhergeht (wir sprechen dabei auch von *Contra-Stereotyp*), führt allerdings häufig dazu, dass frau sich noch schwächer fühlt.

Ein weiterer Punkt ist, dass die gleichen Verhaltensweisen, also weibliche und männliche Stärke in unserem Beispiel, aber auch unterschiedlich bewertet werden, je nachdem, ob Männer oder Frauen sie ausüben, d. h. dass bei Frauen etwas als negativ gilt, was „man" bei Männern positiv bewertet. Männer, die dominantes Verhalten zeigen, sind ein *Boss*, Frauen sind *bossy*.

> **Tipp**
>
> Das Unternehmen Procter und Gamble spielt auf diese sprachliche Komponente in seiner Shampoo-Werbung[1] an. In seinem Werbefilm werden Frauen und Männer in identischen Situationen gezeigt, und mit den Adjektiven *persuasive* vs. *pushy*, *dedicated* vs. *selfish* und *neat* vs. *vain* beschrieben, wobei die positiv konnotierten Adjektive den Männern zugeschrieben werden und die negativ konnotierten den Frauen.

---

[1] https://www.youtube.com/watch?v=B8gz-jxjCmg (letzter Zugriff: 15.07.2020).

Weibliche Vorgesetzte werden von anderen viel häufiger als weniger kompetent eingeschätzt

Eine Studie der European School of Management and Technology in Berlin um Laura Guillén (2018) untersuchte den Zusammenhang zwischen Eigenschaftszuschreibungen und Geschlecht. Insgesamt 1200 Angestellte eines Softwareunternehmens bewerteten in der Untersuchung, wie selbstbewusst sie ihre 236 andere Kollegen fanden – sowohl Männer als auch Frauen. Nach einem Jahr wiederholten die Befragten ihr Votum. Bei der Auswertung wurde ein kurioser Unterschied erkennbar: Die männlichen Kollegen wurden als selbstbewusst bewertet, sobald sie zuvor als kompetent eingeschätzt wurden. Kolleginnen dagegen wurden nur dann als selbstbewusst erachtet, wenn man sie zuvor für nicht nur kompetent, sondern auch sympathisch hielt.

Mit anderen Worten: Bei der Bewertung von Männern hingen *Kompetenz* und *Selbstbewusstsein* unmittelbar zusammen. Je kompetenter sie wirkten, desto selbstsicherer schienen sie. Daraus erwuchs natürlicherweise auch mehr Einfluss im Unternehmen, unabhängig vom Faktor Sympathie. Wurden Frauen hingegen von ihren Kollegen nicht als sympathisch empfunden, gab es kaum einen Zusammenhang zwischen *Kompetenz* und *Selbstbewusstsein*. Die Untersuchung deutet darauf hin, dass die Leistungsbewertung einer Frau zu großen Teilen davon abhängt, ob sie auch sympathisch wirkt. Während Männer von ihrer (tatsächlichen oder scheinbaren) Kompetenz profitieren – unabhängig davon, ob sie gemocht werden oder nicht – müssen Frauen gemocht werden, um von ihrer Kompetenz zu profitieren. Einige Befunde stimmen darin überein, dass Frauen diese Falle umgehen können, indem sie bewusst neben ihrer Fachkompetenz ihre Gemeinschaftsorientierung betonen. Dies ist jeder selbst überlassen, wie ich finde. Umgekehrt erschwert dieses „gemocht werden"

2 Stereotype: Wir denken in Schubladen

aber auch die Führungspositionen von Frauen umso mehr, denn sobald Frauen in Führungspositionen aufsteigen, was rollenbedingt automatisch weniger Gemeinschaftsorientierung bedeutet, werden sie weniger gemocht. Es ist ein Teufelskreis ...

Ein ähnliches Verhalten zeigt sich leider auch im Hochschulbereich. Das *Institute of Labor Economics* fand im Auftrag der Deutschen Post Stiftung (Steenbuck 2017) heraus, dass Dozentinnen an Hochschulen weitaus schlechter bewertet wurden als ihre männlichen Kollegen – und das von den 20.000 Studierenden selbst, die in Deutschland, Schweden und England vier Jahre Dozentinnen und Dozenten bewerteten. Die Studierenden wurden befragt, bevor sie ihre Noten für den Kurs erhielten. Außerdem wurden sie bei der Wahl ihrer Kurse zufällig einem Dozenten oder einer Dozentin zugeordnet. Folgende Ergebnisse wurden dokumentiert:

- Auf einer Skala von 0 bis 100 wurde die Lehrleistung der Dozentinnen um 37 Punkte schlechter bewertet als die ihrer männlichen Kollegen.
- Männer bewerteten Dozentinnen im Durchschnitt drei Mal so schlecht wie die männlichen Kollegen.
- Junge Dozentinnen in MINT-Fächern wurden am negativsten bewertet, sowohl von Studentinnen als auch von Studenten.

Natürlich könnte man nun anführen, dass die Dozentinnen möglicherweise einen schlechteren Job gemacht hätten als die Dozenten. Bei einer solch großen und national diversifizierten Stichprobe ist das allerdings äußerst unwahrscheinlich.

Worauf ist dieses Verhalten also dann zurückzuführen? Die Vorstellungen, wie Mann oder Frau zu sein haben und welche Eigenschaften wir ihnen mit Wörtern zuschreiben (*Intelligenz, Kompetenz, Selbstbewusstsein, Durchsetzungsvermögen, Autorität, Schönheit* etc.), beruht auf jahrhundertealten Schemata, die sich gesellschaftlich herausgebildet haben. (*Fach-)Kompetenz* wird als Teil des männlichen Stereotyps angesehen. Das sogenannte „think manager – think male"-Phänomen wurde schon von Schein et al. (1989) beschrieben, da Eigenschaften, die von Führungskräften erwartet werden, eher denen ähneln, die Männern zugeschrieben werden. Frauen wurden noch schlechter bewertet, wenn sie Mütter waren, allerdings erschienen Frauen ohne Kinder wiederum kompetenter als Männer ohne Kinder (vgl. Correll und Benard 2007; Cuddy et al. 2007). Lesbischen Frauen wurde von Beginn an „Maskulinität" (Niedlich et al. 2015) zugeschrieben, was sie von „der Frau" im Allgemeinen bereits unterschied.

Wir erkennen an diesen Beispielen, wie polar unsere Geschlechterbilder heute noch sind, indem sie eine schwarz-weiß-Einteilung vorgaukeln, die in der Realität nicht existiert. In früheren, streng hierarchisch organisierten Gesellschaften hatten solche polaren Geschlechterbilder eine klare Normierungsfunktion, was zahlreiche Zeitzeugnisse nahelegen. 2017 sind solche Stereotype jedoch definitiv nicht mehr mit der gesellschaftlichen Realität kongruent, da unsere westliche Gesellschaft sich erheblich individualisiert hat. Unser Gehirn hinkt also beträchtlich hinterher! Es greift nur aus Bequemlichkeit auf altbekannte Muster zurück, um Energie zu sparen.

Ein schönes Beispiel, wie Stereotype medial aufgebrochen werden können, zeigt die Audi-Kampagne *Let's change the game.*[2] In diesem Werbefilm hinterfragt Audi auf spiele-

---

[2] https://www.youtube.com/watch?v=Tstc6NmNAus (letzter Zugriff: 15.07.2020).

risch-charmante Weise die konservativen Rollenzuschreibungen von Jungen und Mädchen und schafft einen Raum für neue Kombinationen: beispielsweise eine Barbie-Puppe, die in einem Sportwagen anstelle einer Kutsche sitzt.

> **Jetzt sind Sie dran!**
> Welche Bilder haben Sie von Männern und Frauen im Kopf?

Werfen wir nun einen kurzen Blick in die Geschlechterstereotype der Geschichte, um die Entwicklung dieser besser nachvollziehen zu können.

Stereotype in Geschichte und Gegenwart

》Wussten Sie eigentlich, dass Programmiersprachen bereits im 19. Jahrhundert durch die Mathematikerin Ada Lovelace erfunden wurden? Auch das Frequenzsprungverfahren, das heute die Grundlage von Bluetooth und WLAN ist, wurde von einer Frau – der Schauspielerin Eva Maria Kiesler – erfunden. Im kollektiven Gedächtnis werden Frauen leider weniger mit IT assoziiert.

Ich gebe zu, die nächsten Seiten mögen etwas trocken sein, aber sie sind fundamental für das Verständnis unserer heutigen Geschlechterordnung bzw. dessen, was wir als

Verstehen von Mann und Frau begreifen. Die Gebrüder Grimm sind Ihnen sicher auch heute noch ein Begriff. Sie haben nicht nur die deutschen Kinder- und Hausmärchen zu Papier gebracht, sondern auch eines der ersten deutschen Wörterbücher und Grammatiken verfasst, in denen sie sich Gedanken über das Geschlecht von Wörtern (die Genera *der*, *die* und *das*) machten:

> **Definition**
>
> Das *masculinum* scheint das frühere, größere, festere, sprödere, raschere, das tätige, bewegliche, zeugende;
> Das *femininum* das spätere, kleinere, weichere, stillere, das leidende, empfangende.
> (Jakob Grimm 1822)

Die Idee, das Femininum als „das spätere" anzusehen, ist allerdings wesentlich älter und stammt bereits aus der biblischen Vorstellung, Eva sei aus Adams Rippe erschaffen worden. Dieses Muster ist fest in unserer christlichen Kultur überliefert (in der Sprache sehen wir dies etwa an Benennungskonventionen, in denen die Frau als zweites Glied genannt wird, z. B. *Romeo und Julia*, *Hänsel und Gretel*, *Donald und Daisy Duck* etc.).

Bereits seit Jahrtausenden wird über Mann und Frau in der Gesellschaft geschrieben und um ihren Status gerungen. Bei den alten Griechen hatten Frauen wie auch Sklaven keinen Rechtsstatus. In der Schweiz dürfen Frauen erst seit 1971 wählen, in Deutschland immerhin schon seit 1918, in Kuwait allerdings erst seit 2005.

In diesem Zusammenhang ist auch die sprachliche Behandlung der Geschlechter bedeutsam, z. B. bei der Wahrnehmung und Bewertung einer Person als *Frau*, *Mann*, *weiblich oder männlich*. Die Einteilung in *weiblich* und

2 Stereotype: Wir denken in Schubladen

männlich gilt für einen Großteil der Gesellschaft als selbstverständliche Unterscheidung. Dadurch geht man von der sogenannten Zweigeschlechtigkeit als naturgemäßer Ordnung aus. Der Philosoph Michel Foucault hat in den 1960er-Jahren allerdings bereits trefflich nachgewiesen, dass Ordnungen von Dingen nur Produkte ihrer sie umgebenden Gesellschaft, ihrer Zeit und Örtlichkeit sind. Trotzdem beherrschen diese sprachlichen Einteilungen weiterhin unsere Sprache und Wahrnehmungsschemata dermaßen, dass wir unsere Umwelt selbstverständlich in diese einordnen. Denken Sie an *Frauen-/Männertoiletten, Damen- und Herrenumkleiden, Damen- und Herrenparfums, Jungen- und Mädchenschlafanzüge.*

> Die Gender- und Queer-Forschung spricht hier auch vom sogenannten Geschlechterdispositiv bzw. der Heteronormativität. U. a. wird bemängelt, dass in deutschen Ausweisen nur zwischen männlich und weiblich gewählt werden kann. Erst im Herbst 2017 wurde vom Bundesverfassungsgericht ein Urteil erlassen, dass eine dritte Geschlechtsoption eingeführt wurde; für Personen, die sich nicht in das binäre Geschlechtssystem „männlich" und „weiblich", sondern „divers" einordnen (wollen).

Die Erkenntnis, dass das sozial ausgehandelte Geschlechterstereotyp bzw. die Geschlechterrolle jedoch weniger biologisch-genetisch, als vielmehr sozial durch Erziehung, Peer Group und Sprache bestimmt wird, hat die Linguistik dazu bewegt, das Sprachverhalten als Teil eines solchen Geschlechterstereotyps zu untersuchen.

Anfang des 20. Jahrhunderts noch wurde die Sprache der Frauen von Männern wie Otto Jespersen (1922) als „mittelmäßig" beschrieben. Eine der ersten Forscherinnen, die sich des Themas Geschlecht und Sprache annahm, war Robin Lakoff, die 1973 Männersprache ebenso als Norm und

Frauensprache als defizitär beschrieb. Lakoff ging in ihren Hypothesen davon aus, dass Frauen einen grundsätzlichen Mangel an Einfluss und Kompetenzen aufwiesen. Sie stellte in Studien, die allerdings aufgrund der geringen Anzahl und der Zusammensetzung der Versuchspersonen nicht mehr als repräsentativ gelten, eine Merkmalsübersicht der Frauensprache zusammen, wobei manche Punkte in Folge tatsächlich belegt werden konnten.

> Merkmale von Frauensprache nach Robin Lakoff (Robin Lakoff's Features of Women's Language 1975)
> - Heckenausdrücke, z. B. *eigentlich, vielleicht, ich denke*
> - Höflichkeitsformeln, z. B. *könnten Sie bitte …, es wäre klasse, wenn Sie …*
> - Häufigere Verwendung von Fragen, auch Nachfragen, z. B. *Thomas ist nicht hier, oder?*
> - stärkere Emphase in der Intonation, z. B. Betonung *so, wirklich* und *sehr*
> - Hyperkorrekte Grammatik und Aussprache („Lehrbuchgrammatik", eher förmlich)
> - fehlender Humor, z. B. *versteht keinen Spaß*
> - Direkte Redewiedergabe (anstelle von Paraphrase)
> - Ausdifferenzierte Lexik, z. B. in der Bezeichnung von Farben: *mauve, taupe, mint* etc.
> - Frage-Intonation in deklarativen Kontexten (Aussage-Kontexten), z. B. auf die Frage *wann essen wir zu Abend?* die Antwort *gegen 19 Uhr?*
> - Verwendung von Euphemismen, z. B. *von uns gegangen* anstelle von *sterben*
> - Vermeidung von Schimpfwörtern

Gerade die Verwendung von sogenannten *Hedges* („Heckenausdrücke") wurde in Folge häufig untersucht und als geschlechtsspezifische Strategie von Frauen beschrieben. Aber auch manche Berufsgruppen, z. B. Therapeutinnen oder Sozialarbeiter, zeigen eine vermehrte Nutzung dieser. Darunter fallen Adverbien wie *eigentlich, vielleicht* oder Konjunktive. Sie dienen dazu, Aussagen zu relativieren, sich gegen Vorwürfe abzusichern oder den anderen vor öffentlichen

2 Stereotype: Wir denken in Schubladen

Anschuldigungen zu schützen. Solche kommunikativen Praktiken entsprechen zum Teil auch Höflichkeitsnormen. Im Deutschen betrifft dies beispielsweise folgende Wörter:

- Performative Verben (*ich schlage vor, ich denke, es scheint*)
- Modalpartikeln (*doch, mal, wohl, schon, bloß, eigentlich, irgendwie*)
- Adjektive, Adverbien (*möglicherweise, vielleicht, wahrscheinlich, rötlich*)
- Parenthetische Konstruktionen (*Dies ist – meines Erachtens – schwer zu realisieren*)
- Konjunktiv und Konditionalgefüge (*Wenn es möglich wäre, würde ich …*)
- Negierende Formulierungen (*Ich würde nicht so weit gehen und es ablehnen, aber …*)
- Approximatoren (*ungefähr, so ca., gegen*)

Die erste deutsche Forscherin, Luise Pusch, die das Thema in den 1980ern aufgriff, sah im weiblichen Sprachverhalten vor allem die Machtlosigkeit der Frauen und die Dominanz der Männer. Obwohl viele ihrer Aussagen heute umstritten sind und jetzigen wissenschaftlichen Gütekriterien nicht mehr genügen, beschäftigte sie sich in überzeugender Weise mit der Etymologie, dem Ursprung von Wörtern, und wies u. a. in ihren Aufsätzen wie „Sind Herren herrlich und Damen dämlich?" (1988) auf folgende Inkonsistenzen hin:

- Ableitung der weiblichen Form von der männlichen: *Gott – Göttin*
- Inkonsistenzen: *Krankenschwester – Krankenpfleger* (nicht *Krankenbruder*); *Kindergärtnerin – Erzieher* (nicht *Kindergärtner*)
- fehlende Berufsbezeichnungen, Handlungsbezeichnungen, Namen: *General, Kapitän, Bauherr* (umgekehrt: *Amme, Bardame, Marktfrau, Putzfrau*)

Inzwischen haben sich Berufsbezeichnungen angeglichen (z. B. *Bauherrin*) oder zu neutralen Formen gewandelt (*Putzkraft*), um Diskriminierungen vorzubeugen. Diese sprachkritische Auseinandersetzung mit Wörtern ist aber auf jeden Fall als ein Verdienst der frühen Genderlinguistik hervorzuheben.

In den 90er Jahren schaffte der Bestseller von Deborah Tannen *Du kannst mich einfach nicht verstehen. Warum Männer und Frauen aneinander vorbeireden* den internationalen Durchbruch und läutete damit den sogenannten Differenz- bzw. interkulturellen Ansatz ein: Frauen und Männer sprechen unterschiedlich, da sie aus verschiedenen Kulturen kommen, so die These. Während ihrer Kindheit erleben sie bereits zwei verschiedene Sprachgemeinschaften. Dies sieht man beispielsweise an auch heute noch bzw. wieder praktizierten Mädchen-/Jungenspielen, geschlechtertypischen Spielzeugen (Barbie vs. Lego) oder der Farbcodierung rosa vs. blau. John Gray, ein Psychotherapeut, unterstützte diese Entwicklung 1992 mit seinem Buch *Men Are from Mars, Women Are from Venus*, was ursprünglich als Beziehungsratgeber gedacht war. Hieraus stammt auch die heute noch gebräuchliche Metapher, *Männer seien vom Mars und Frauen von der Venus*.

Die inzwischen praktizierte plurifaktorielle Genderlinguistik hat glücklicherweise erkannt, dass Geschlecht nicht der einzige Faktor ist, der uns in unserem Leben prägt. Alter, Status, sexuelle Orientierung, Religion, Kultur oder Herkunftsort spielen ebenso eine Rolle in der (Sprach-)Sozialisierung eines Menschen. Zudem wachsen das Interesse an der Untersuchung aller Geschlechter sowie die Infragestellung der Konzepte „Geschlecht" und „Gender" per se. Die LGBTQI*-Bewegung sowie der Übergang zur sprachlichen Markierung jenseits von Dualismen (m, w, *) weisen uns dabei den Weg. Anerkannt werden muss trotz dessen, dass viele der beschriebenen Befunde, die sich auf Geschlechterstereotype beziehen, heute in der beruflichen Kommunikation und in den Medien weiterhin eine Rolle spielen. Wissenschaft und Gesellschaft sind leider nicht unbedingt auf dem gleichen Wissensstand – ein Blick in die AfD-Diskussionen um den „Genderwahnsinn" reicht da aus ...

> **Jetzt sind Sie dran!**
> Welche Berufsbezeichnungen benutzen Sie in Ihrem Sprachgebrauch? Wie stehen Sie zur aktuellen Genderdebatte?

Literatur

Buchhorn, Eva (2017): Selbst ist die Alpha-Frau. In: Manager Magazin, 11.04.2017. https://www.manager-magazin.de/magazin/artikel/alpha-frauen-die-frau-macht-karriere-a-1131442-6.html (letzter Zugriff: 27.05.2020)

Correll, Shelley J.; Benard, Stephen und In Paik (2007): Getting a Job: Is There a Motherhood Penalty? In: American Journal of Sociology 112(5), S. 1297–1338.

Cuddy, A. J. C., Fiske, S. T., & Glick, P. (2007): The BIAS Map: Behaviors from Intergroup Affect and Stereotypes. In: Journal of Personality and Social Psychology 92(4), S. 631-648.

Förster, Jens (2008): Kleine Einführung in das Schubladendenken. München: Goldmann Verlag.

Grimm, Jacob (1822): Deutsche Grammatiken.

Guillén, Laura; Mayo, Margarita und Natalia Karelaia (2018): Appearing self-confident and getting credit for it: Why it may be easier for men than women to gain influence at work. Human Resource Management 57, S. 839–854.

Jespersen, Otto (1922): Language: Its nature, development and origin. London: Allen & Unwin.

Kimmel, Michael (2015): Angry White Men: Die USA und ihre zornigen Männer. New York: Perseus Books.

Niedlich, C., Steffens, M. C., Krause, J., Settke, E., & Ebert, I. D. (2015). Ironic effects of sexual minority group membership: Are lesbians less susceptible to invoking negative female stereotypes than heterosexual women? In: Archives of Sexual Behavior 44(5), S. 1439–1447.

Pusch, Luise F. (1988): Sind Herren herrlich und Damen dämlich? In: Women in German Yearbook: Feminist Studies in German Literature & Culture. University of Nebraska Press. Volume 4, S. 19–20.

Schein, V. E., Mueller R., & Jacobsen, C. (1989): The relationship between sex role stereotypes and requisite management characteristics among college students. In: Journal of Applied Psychology 57(2), S. 95–100.

Steenbuck, Torben (2017): Untersuchung: Studenten bewerten Dozentinnen schlechter als männliche Kollegen. In: Bento, 02.10.2017. https://www.bento.de/politik/usa-wieso-dozentinnen-an-der-uni-oft-unbeliebter-sind-als-ihre-maennlichen-kollegen-a-00000000-0003-0001-0000-000001736505 (letzter Zugriff: 26.05.2020)

3

Männer und Frauen zwischen Biologie und sprachlicher Sozialisation

》Kennen Sie diesen Witz? „Gott hat Eva erst als zweites geschaffen. Bei Adam übte sie noch." Im Sarkasmus können wir mit vielen Klischees leben. Eine Gesellschaft bringt er nicht unweigerlich weiter. Die Genderlingustik aber auch nicht. Für einen reflektierten Umgang mit dem Thema Geschlecht und Gender müssen die Ergebnisse der Evolutionsbiologie und der Neurobiologie miteinbezogen werden.

Wir wissen inzwischen, dass es gewisse genetische Unterschiede zwischen den Geschlechtern gibt (X- und Y-Chromosome) und dass das Geschlecht durch die Aus-

© Springer-Verlag GmbH Deutschland, ein Teil von Springer Nature 2021
S. Burel, *Sprache denkt (fe)male*,
https://doi.org/10.1007/978-3-662-61680-2_3

schüttung von Hormonen bedingt wird. Als Folge der Testosteronproduktion bei Männern sind nämlich gerade die Bereiche im Gehirn gut ausbildet, die beispielsweise für das zeitlich-räumliche Zurechtkommen wichtig sind. Das Vorurteil, dass Männer besser einparken als Frauen, stimmt also in den meisten Fällen. Genauso ist aber auch anzuerkennen, dass solche Ausprägungen durch Erziehung und Umfeld noch gefördert werden können. Ein Junge bekommt möglicherweise schon früher ein Fahrrad oder einen Roller als ein Mädchen. Gerald Hüther hat diese neurobiologischen Erkenntnisse anschaulich in seinem Buch „Männer. Das schwache Geschlecht und sein Gehirn" (2016) beschrieben.

Die Wechselbeziehungen zwischen unserer Biologie und unserer Sozialisation, zwischen Gesellschaft und Genom, sind also komplexer als wir dachten und können auch heute noch nicht vollends analytisch durchdrungen werden (ähnlich dem Henne-Ei-Prinzip). Die Hirnforschung sagt uns, dass wir denken, aber nicht, was oder wie unsere Gedanken entstehen. Freien Willen sieht man nicht. Wir können allemal die Regionen im Gehirn abbilden, in denen er entsteht. Jede Entscheidung hat allerdings Auswirkungen: Es macht sehr wohl einen Unterschied, für welches Spiel Sie sich im Kindergarten entscheiden (Fußball oder Puppenhaus), für welche Farbe (blau oder rosa) oder für welche Freizeitbeschäftigung (BMX oder Ballett). Diese Entscheidung trifft jeder für sich selbst bzw. für seine Nachkommen. Das Gehirn als lebendiges Organ kann sich zwar noch im Erwachsenenalter umorganisieren, jedoch ist seine Plastizität dann bereits beeinträchtigt.

Versuchen Sie einmal, als Erwachsener eine Fremdsprache zu lernen. Vielleicht haben Sie das auch schon. Sie benötigen hierzu viel länger als unsere jungen Kumpanen, da sich Ihr Gehirn schon seine festen Autobahnen und Verkehrsregeln eingerichtet hat. Außerdem fehlen Ihnen die Leichtigkeit und das spielende Lernen, von dem Vera Birkenbihl immer geschwärmt hat. Sie sind zu sehr von Ehrgeiz und Zeitdruck getrieben und dem gehirngerechten Lernen nicht mehr zugewandt. Trotzdem ist es aufgrund der Plastizität des Gehirns möglich, dass Sie Neues lernen. Konzepte des lebenslangen Lernens beruhen genau auf dieser Prämisse. Wie vieles im Leben hängt Ihr Lernerfolg stark von Ihrer Motivation ab. Machen Sie dies aus Freude, Interesse oder aus extrinsisch motivierten Statusgründen? Glaube versetzt Berge … oder frei nach Umberto Eco: Frau braucht nur von etwas reden, um es entstehen zu lassen.

> **Jetzt sind Sie dran!**
> Welche geschlechtstypischen Entscheidungen haben Sie in Ihrem Leben getroffen?
> Welche wurden für Sie getroffen (Puppenhaus, Fahrrad etc.)?

Geschlecht in den Medien
Häufig werde ich gefragt, ob es eine Sprache selbst ist, die sexistisch sei, oder ob es vielmehr die Sprachverwenderinnen seien, die sie sexistisch machen. Letzteres ist der Fall. Frauendarstellung ist ein Teil davon, was beispielsweise die #metoo-Bewegung zeigt. Obwohl ich es grundsätzlich wichtig finde, über sexuelle Belästigung zu sprechen und entsprechende Formate immer befürworte, bin ich trotzdem kritisch, was die mediale Darstellung angeht. Frauen sind dabei immer Opfer, Männer Täter. Frauen reden über Frauenthemen, Männer über alles.

Studien zu Werbesprache, zahlreiche Rhetorik- und Selbstbewusstseinskurse für Frauen sowie Initiativen zur stärkeren Sichtbarkeit von Frauen in Organisationen belegen auch 2020 noch, dass das Thema Geschlechtergerechtigkeit noch nicht durch ist. In einer Untersuchung des Startups Echobot Media Technologies, das auf Datenanalysen spezialisiert ist, wurden über 20.000 Medienberichte ausgewählter Nachrichtenportale (Spiegel, Zeit, FOCUS und TAZ) im Zeitraum vom 11. September bis 11. Oktober 2017 analysiert (Herrmann 2017). Die darin enthaltenen Wörter wurden gezählt und mit einer Liste männlicher sowie weiblicher Vornamen abgeglichen. Das Ergebnis: In 81 % der Fälle wurde über Männer geredet, nur in 19 % über Frauen. Zieht man den Namen *Angela* (den „Kanzlerinnenbonus") von der Liste ab, sieht das Ergebnis noch düsterer aus. Betrachtet man die geschlechterübergreifende Top 10, findet sich *Angela* dort als einziger weiblicher Vorname auf dem vierten Platz.

> **Tipp**
>
> Wenn Sie sich für Media-Monitoring interessieren, empfehle ich Ihnen das Gender-Informationsportal *whomakesthenews*.[1]

Auch Wikipedia scheint „männlich" zu sein: Studien der eigenen Wikimedia Foundation zeigen, dass weniger als 20 % der Verfasser Schreiberinnen sind (Wikipedia 2019). Die Sozialwissenschaftlerin Claudia Wagner hat zudem herausgefunden, dass in Artikeln über Frauen häufiger Bezüge zu deren Familien hergestellt werden, dass ihr Beziehungsstatus eher erwähnt wird oder dass viel stärker betont wird, dass es sich um eine Frau handelt. Bei Männern fehlen Hinweise zu Partner, Kindern oder Scheidungen oft einfach.

---

[1] http://whomakesthenews.org (letzter Zugriff: 15.07.2020).

Außerdem sind die Perspektiven, unter denen Frauen präsentiert werden, äußerst fraglich.

Ich möchte den Medienmachern hier keine böse Absicht unterstellen. Ich möchte allerdings für diese eindimensionale Darstellung sensibilisieren und Ihre kritische Urteilskraft stärken. Gerade die enorme Verbreitung unserer (Online-)Medien und die dortige Darstellung der Geschlechter trägt nämlich dazu bei, Stereotype aufrecht zu erhalten. Sie (re-)produzieren gesellschaftlich verfestigte Muster und zwar nicht nur in Themenbereichen, die sich mit Geschlechterfragen befassen. Besonders die Kleidungs-, Lebensmittel- und Kosmetikindustrie, praktisch die gesamte Konsumindustrie, bedient in Werbetexten und -bildern aktiv Geschlechterstereotype, weil es sich für sie schlichtweg finanziell rechnet.

> »Wie häufig sehen Sie Frauen im TV in der traditionellen Rolle der Hausfrau, Servicekraft, Kinderbetreuerin oder der schönen Begleiterin, Männer als Alleinverdiener oder Führungskräfte?

Sie glauben immer noch nicht, dass Medien(-bilder) und -sprache uns beeinflussen? Als 1995 auf den Fiji-Inseln das Fernsehen eingeführt wurde, nahmen in den folgenden Jahren die Essstörungen bei Frauen massiv zu, obwohl es in der Sprache noch nicht einmal ein Wort für *Essstörung* gab. Eine der besten Entscheidungen meines Lebens war es, mich von dieser Kiste zu befreien. Ich bin immer wieder erschrocken darüber, wie uns die TV-Industrie mit klischeehaften Bildern jeglicher Art überflutet und eine fotogeshoppte Realität propagiert, neben der wir alle blass aussehen. Am besten möglichst wenig hinschauen und sich mit anderem beschäftigen, das Kreativität und Vielfalt zulässt …

Wie wir Männer und Frauen sehen, können Sie auch über eine einfache google-Suchanfrage herausfinden.

> **Jetzt sind Sie dran!**
> Nutzen Sie hierfür die Autokorrektur von Google. Geben Sie *Frauen/Männer* und das Modalverb *sollen* bzw. *sollten* oder *müssen* ein.

Möglicherweise wissen Sie jetzt auch, dass Frauen nicht allein joggen oder Männer stark sein sollen. Sie wissen sicherlich, dass sich diese Vorschläge auf realistische Suchanfragen beziehen, die häufig vorkommen …

Ich gebe zu, auch ich bewege mich gern in den sozialen Medien à la Facebook, Twitter und Instagram, in der mir jede Menge Selfies von männlichen und weiblichen Körpern begegnen. So führte ich u. a. 2015 einen Selbstversuch auf dem Datingportal *Tinder* für insgesamt sieben Tage durch. In dieser Zeit erhielt ich massenweise Anfragen zu Nacktfotos, Körpergröße, Maßen und weiteren Vermessungskriterien. Um die Kommunikation nicht nur online zu untersuchen, traf ich mich auch mit einigen Männern, die mir, angesprochen auf meine oben genannten Befunde, alle bestätigten, dass Frauen ihre Matches genauso vermessen wollen:

> **Beispiel**
> *Ein Mann berichtete mir, dass er aufgrund seiner Größe (unter 175 cm) kaum eine Frau treffen konnte, weil die meisten nach seiner Mitteilung der Größenangabe nicht mehr zurückschrieben. Eine Textauswertung weiterer Online-Datingportale bestätigte meine Hypothese: Die untersuchten Texte enthielten alle stereotypisches Wissen über Männer (groß, breitschultrig, beruflich erfolgreich, sportlich) und Frauen (attraktiv, familienfreundlich, unterstützend etc.).*

3 Männer und Frauen zwischen Biologie und ...

Dass diese Stereotypisierung auch abseits der klassischen Dating- und Konsumindustrie passiert, zeigt die Werbekampagne *Männergrippe*[2] der Klosterfrau Healthcare Group, die 2016 einen beachtlichen Zuspruch innerhalb von Facebook (400.000 Likes innerhalb von Monaten und 2,75 Millionen Interaktionen) erhielt. Dafür bekam sie den Deutschen Preis für Wirtschaftskommunikation 2016. Inhaltlich gesehen, wurden in der Kampagne täglich Memes (Text-Bild-Kombinationen) gepostet, welche traditionelle Geschlechterstereotype in Bezug auf Mann und Frau in den Bereichen Beruf und Privatheit aufrufen. Dabei wird der *Mann* etwa metaphorisch als technisches Gerät (*Werkseinstellungen*) mit primitiv gezeichneten Attributen (*rülpst, furzt*) dargestellt.

> **Beispiel 1**
> Mann niest 7 (!) Mal, pupst rülpst und schläft wieder ein. Auf Werkseinstellungen zurückgesetzt.

Ein anderes Meme vergleicht *Frau* mit AGBs, die bekanntlich schwer verständlich sind.

> **Beispiel 2**
> Mit einer Frau zu diskutieren, ist, wie AGB's durchzulesen. Am Ende ignorierst du alles und drückst „Ich stimme zu".

Wenn Sie alle Memes und die aufgrund des Erfolgs gedrehten Kurzfilme einmal durchklicken (ein unterhalt-

---

[2] https://www.wuv.de/marketing/maennergrippe_klosterfrau_feiert_social_media_erfolg (letzter Zugriff: 15.07.2020).

samer Abend!), haben Sie Folgendes unterbewusst gespeichert:

> Frau ist: [redefreudig], [zickig], [technisch unbegabt], [sehr emotional].

> Mann ist: [rational], [unsensibel], [triebgesteuert], [einfach gestrickt].

Natürlich bedient sich die Werbesprache gern solcher Unterscheidungen, um in satirischer Weise Geschlechterdifferenzen herauszustellen. Es sind allgemein bekannte Elemente kommunikativen Verhaltens von Frauen und Männern, die Hollywood schon jahrzehntelang aufruft und weiter befeuert. Wir alle wissen rational, dass diese nicht der Realität entsprechen. Trotzdem verknüpft sich die Darstellung unterbewusst mit einem stereotypen Bild von Mann und Frau in unserem Kopf.

Erinnern Sie sich noch an den Cowboy-Mythos? Es bleibt nicht bei den Bildern in unseren Köpfen. Diese werden fortgesetzt in Handlungen. Michael Kimmel hat eindrucksvoll dokumentiert, was passiert, wenn im beruflichen Leben von diesem Bild abgewichen wird. Frauen reagierten auf Männer, die dieses klassisch männliche Stereotyp unterliefen, positiver als andere Männer. Bei Frauen, die das klassisch weibliche Stereotyp unterliefen, wurde dies sowohl von Männern als auch von anderen Frauen negativ sanktioniert. Wie einige Studien zeigten, werden „Geschäftsfrauen" dafür bestraft, dass sie normativen Verhaltensrichtlinien für Frauen widersprechen, und demnach von anderen abgelehnt, was das Risiko sozialer Sanktionen beinhaltet. Sprachlich haben wir dafür negative behaftete Entsprechungen, z. B. die *Karrierefrau* oder die *Karrieremacherin,* die es beim männlichen Äquivalent nicht gibt. Oder kennen Sie einen *Karrieremann*?

> **Tipp**
>
> Wenn Sie Lust auf eine *Powerfrau* (auch hier stellt sich die Frage nach einem *Powermann*) haben, empfehle ich Ihnen das gleichnamige Lied von den WiseGuys.

Männliche und weibliche Wörter?
Männliche Wörter schrecken Frauen ab. *Offensiv, durchsetzungsstark, analytisch* – wenn diese Eigenschaften in einer Stellenanzeige verlangt werden, vergeht vielen Frauen die Lust auf eine Bewerbung. Männern sind Formulierungen weniger wichtig …

Dass Stereotype direkt über einzelne Wörter aufgerufen werden können, zeigt eine Studie der TU München (Woelki und David 2015), die von Spiegel Online, einem der mächtigsten Meinungsportale in Deutschland, beworben wurde.

Das Forscherteam um Isabel Welpe spezialisierte sich dabei auf die Textsorte Stellenanzeige und befragte 260 Studierende, die gleichzeitig die in der Stellenanzeige verwendeten Adjektive klassifizieren mussten. Während beispielsweise Wörter wie *analytisch, entscheidungsfreudig* und *durchsetzungsfähig* als „männlich" eingeordnet wurden, hielt man *umsichtig, bescheiden* und *zuverlässig* eher für „weiblich". Die Folge davon war, dass sich signifikant weniger weibliche Versuchsteilnehmerinnen auf die „männlichen" Anzeigen bewarben. Männer bewarben sich auf beide Anzeigentypen gleichermaßen. Diese Studie sorgte für großes Aufsehen in den HR-Abteilungen von Unternehmen und anderen Organisationen. Ich spielte sie sowohl mit meinen Studierenden als auch mit den Teilnehmenden meiner Seminare wiederholt durch und wir konnten das Ergebnis verifizieren. Daraus entwickelte ich das sogenannte Gender Audit, das Sprache und Bilder auf ihre Geschlechtersensibilität testet. Das Verfahren wird v. a. auf Karriereseiten oder Stellenausschreibungen angewendet, kann jedoch prinzipiell mit jedem Text durchgeführt werden (z. B. E-Mails). Geschlechterstereotypes Wortmaterial wird automatisch analysiert.

Auch das Jobportal *Jobware* (2019) erkannte die Macht von „männlichen"/„weiblichen" Wörtern in einer Eyetracking-Studie 2016. Probanden bekamen dabei Stellenanzeigen vorgelegt und ihre Blickpunkte sowie Augenbewegungen, die etwas über die Aufmerksamkeitsfokussierung aussagen, wurden gemessen:

> *Gewisse Bezeichnungen (etwa „Senior-Manager") oder Anforderungen (etwa „Kommunikationsfähigkeit") tragen dazu bei, dass Stellenanzeigen als eher männlich oder weiblich empfunden werden. […] Werden männliche Eigenschaften gefordert, zucken viele Frauen zurück. Frauen neigen dazu, jede Anforderung als unerlässlich einzustufen. Sie trauen sich, so die Untersuchung, bei gleicher Qualifikation weniger zu als Männer. Letztere tendieren dazu, fehlende aber geforderte Fähigkeiten zu überlesen. Wer Frauen nicht ausschließen will, sollte die Stellenanzeige sorgfältig formulieren.* (Hentschel und Horvath 2015)

Was folgern wir also daraus? Durch die stereotype Darstellung von Mann und Frau in beruflichen Medien wird unser Denken beeinflusst und Folgehandlungen, in diesem Fall das Nicht-Bewerben, entstehen. Gerade die berufliche Online-Kommunikation ist ein idealer Untersuchungsraum für den Nachweis von Geschlechterstereotypen. Wir schlüpfen in anonyme Alter Egos, bis hin zu geschlechtslosen Avataren. Ich weiß noch, wie ich selbst einmal einen männlichen Chatnamen annahm und ausprobierte, durch meine Aussagen entsprechend männlich zu wirken. Erstaunlicherweise besitzen wir intuitiv schon viel Wissen über solche Stereotype und können dann auch – ohne besondere Aufforderung von außen – ein entsprechendes Sprachverhalten imitieren.

In den neuen Sozialen Medien findet derzeit eine spannende Weiterentwicklung der Geschlechterstereotype statt. Meine Studierenden konnten beispielsweise in der Datenbank *MoCoDa* 2020 – *Mobile Communication Database*[3] bei der Auswertung von über 800 *WhatsApp*-Interaktionen empirisch nachweisen, dass Frauen mehr Herz-Emojis und Kosenamen in *WhatsApp*-Nachrichten nutzten als Männer. Diese greifen stärker auf Emojis zurück, die einen Gesichts- oder Körperausdruck widerspiegeln (z. B. Smiley, thumbs up). Aber der spannende Befund, auf den ich hinauswill, kommt erst noch: Die Verwendung von Emojis nimmt auf beiden Seiten ab, wenn Weiblein mit Weiblein oder Männlein mit Männlein kommuniziert. Senden sich Frauen untereinander Nachrichten, nutzten sie also signifikant weniger Herzen oder Kosenamen. Dies zeigt wieder, wie stark wir in Stereotypen denken und dem Männer-/Frauenbild kommunikativ entsprechen wollen, das wir dem anderen unterstellen.

Natürlich kann die Beantwortung der Frage, inwieweit Sprachgebrauch und Stereotype sich gegenseitig beeinflussen, hier nicht abschließend geklärt werden. Außerdem können wir keine monokausalen Zusammenhänge aufzeigen, deren Bearbeitung zur alleinigen Lösung des Problems

---

[3] http://mocoda.spracheinteraktion.de/ (letzter Zugriff: 15.07.2020).

beiträgt. Es geht wie so oft im Leben um ein komplexes Wechselspiel von Veränderungen. Wichtig ist vorerst, dass wir uns dieser Stereotype und deren Macht über unser Denken bewusst werden und diese erkennen.

Letztes Jahr durfte ich ein österreichisches Unternehmen zu einer Genderstrategie beraten. In einem unserer Workshops analysierten wir den hochwertig produzierten Imagefilm, der seit einigen Jahren existierte. Keiner der Teilnehmerinnen war bisher aufgefallen, dass in dem 3-minütigen Film nur zwei Frauen zu sehen waren – und zwar als Putzfachkräfte. Durch entsprechende sprachliche Analysen konnten die bestehenden Denkmuster jedoch freigelegt und an moderne Geschlechterverhältnisse angepasst werden.

> **Jetzt sind Sie dran!**
> Wie sieht es mit dem Imagefilm oder der Imagebroschüre Ihres Arbeitgebers aus? Haben Sie darin vorkommende Geschlechter schon einmal gezählt?

Es gibt noch eine weitere Kategorie des Sprachgebrauchs, welche eine essenzielle Funktion als Bestandteil unseres Denkens und Erlebens liefert: Metaphern.

Bürohengst und Klatschtante – gespeichertes Wissen in Metaphern

Denken Sie in Wörtern oder in Bildern? Sprachbilder (Metaphern) sind grundlegende Organisationseinheiten unseres Denkens. Wir leben in Metaphern, so haben es bereits die Linguisten George Lakoff und Mark Johnson in ihrem zeitlosen Bestseller „Metaphors We Live By" (2003) notiert, der inzwischen in der 14. Auflage auf dem Markt ist. Lakoffs Schülerin, die Sprach- und Kognitionswissenschaftlerin Elisabeth Wehling, hat durch ihre Beschäftigung mit Metaphern im US-Wahlkampf 2016 große Bekanntheit erlangt.

Metaphern bestimmen unsere Wahrnehmung, unser Denken, anschließend unser Handeln und somit unsere Wirklichkeit. Wann immer wir ein Wort hören, wird in unserem Kopf ein gewisser metaphorischer Rahmen dazu aktiviert. So wird das Argumentieren im Deutschen weitestgehend als „Krieg" beschrieben, sodass wir uns tatsächlich *angegriffen* oder *verletzt* fühlen, wenn jemand unserem Standpunkt kontra bietet. Metaphern verleihen einer Fülle von abstrakten Denkbereichen eine imaginäre Räumlichkeit (z. B. „Glück ist oben", „Trauer ist unten"), die allein durch die Benutzung dieser Metaphern Realität wird, etwa in der Aussage *ich bin down*.

Schwer fassbare Dinge können durch Metaphern vergegenständlicht werden (z. B. „Zeit ist Geld"), daher können wir *Zeit gewinnen, Zeit verlieren* oder *Zeit einsparen*. Der metaphorische Sprachgebrauch ist bestimmend für unsere gesamte menschliche Existenz. Würde das Argumentieren beispielsweise als „Tanz" anstatt als „Krieg" beschrieben, so würden wir automatisch die Aspekte von Kooperation und gemeinsamer Weiterentwicklung stärker in den Vordergrund rücken und weniger Konkurrenzdenken an den Tag legen, so meine These.

> **Jetzt sind Sie dran!**
> Welche Metaphern prägen Ihren Alltag? Schreiben Sie diese auf.

Kehren wir nun zum Thema Geschlecht zurück und schauen uns die Sprachbilder an, die wir in diesem Bereich nutzen. Nehmen wir das Beispiel *Bürohengst*. Hierbei wird eine metaphorische Übertragung aus einer einfachen, sinnlich wahrnehmbaren Erfahrung [Tierreich] auf einen komplexen, abstrakten Erfahrungsbereich [Büro] vorgenommen. Was ein Hengst ist, wie er aussieht und wie er sich (häufig) benimmt, wissen wir alle. Die Metapher nutzt also Grundformen des Seins, um uns etwas Abstraktes (in dem Fall das Büroleben, das bei jedem anders aussehen kann) zu erklären.

Die Bedeutung der Metapher ergibt sich daraus, dass wir einen Implikationszusammenhang zwischen beiden Bereichen konstruieren, wir also davon ausgehen, dass sich jemand wie ein Hengst im Büro benimmt. Merkmale davon sind möglicherweise, dass er von Damen umringt ist, Aufmerksamkeit braucht, geschäftig unterwegs ist etc. Ein interessantes Wortspiel ist nicht zuletzt der Titel *Hengstin*, den Jennifer Rostock 2016 ihrem feministischen Protestsong gegeben hat.

Berechtigterweise gelten Metaphern als Wissensspeicher, die Vorstellungen von Gesellschaft und Welt in einem Wort kondensieren, und an andere (nachfolgende) Generationen weitergeben. In Wörtern, die wir heute verwenden, finden sich noch klassische Geschlechterstereotype der 50er/60er-Jahre. Das glauben Sie nicht? Hier kommt der Beweis: Gehen wir einfacherweise von den bereits beschrieben Stereotypen aus. Sie erinnern sich hoffentlich noch:

» Frau ist: [redefreudig], [zickig], [technisch unbegabt], [sehr emotional].
    Mann ist: [rational], [unsensibel], [triebgesteuert], [einfach gestrickt].

---

3 Männer und Frauen zwischen Biologie und ...

Das Stereotyp [redefreudig] wird beispielsweise aktualisiert durch gängige Metaphern wie *Klatschtante, Kaffeetante, Hühnerhaufen,* [sehr emotional] durch *Heulsuse,* [technisch unbegabt] durch *Mäuschen, Mauerblümchen, Schreibtischtante, Tippse, Hausmütterchen, Heimchen am Herd.* Verhält sich Frau entgegen dieser Stereotype, wird sie zur *Karrierefrau* oder *Rabenmutter.*

Anders wirken Wörter wie *Schlappschwanz, Weichei, Gefühlsheini, (Alpha-)Softi, Frauenversteher,* die als Metaphern anzeigen, dass sich ein Mann entgegen der Stereotype [rational] und [unsensibel] verhält. *Bürohengst, Hammel* und *(geiler) Bock* zeigen dagegen [triebgesteuert] an; *Dummdödel* und *Sesselfurzer* rufen [einfach gestrickt] auf. Gerade *Frauenversteher* ist ein spannender Fall – vergleichbar mit *Gutmensch*: Eigentlich positive Eigenschaften werden in beiden Fällen negativ ausgelegt.

Ein Mann wird als Frau abgewertet (*du Mädchen*), eine Frau zum Mann aufgewertet (*Sie ist ein ganzer Kerl, ihren Mann stehen*). Das gab es bereits bei den alten Griechen – die sich in den Statuen widerspiegelnden Schönheitsideale der damaligen Zeit entsprachen den gewünschten Eigenschaften. Bei Männern negativ belegte Darstellungsformen wurden klassischerweise bei Frauenstatuen verwendet (z. B. hängende Schultern als Indiz für Unehrlichkeit).

Im Jahr 2021 haben wir zwar keine Statuen mehr, dafür aber technologisch „aufgehübschte" Selfie-Bilder, (digitale) Werbeanzeigen und die Pop-Industrie, welche Frauen und Männer als fixes Bild erobern und Anderssein verweigern, nach dem Grundsatz *uniform schlägt andersform.* Selbst durch populärwissenschaftliche Ratgeberliteratur, die eigentlich dazu dient, Frauen zu bestärken, wird das klassische Bild noch gefestigt, indem „Frau" in einer defizitären Weise betitelt wird, z. B. *Das Arroganz-Prinzip: So haben Frauen mehr Erfolg im Beruf* (Modler 2017)*, Mama muss die Welt retten: Wie Mütter vom Wickeltisch aus Karriere machen*

(Rosales und Gütering 2013), *Spiele mit der Macht: Wie Frauen sich durchsetzen* (Knaths 2009), *Herausforderung Karriere: Strategien für Frauen auf dem Weg nach oben, Weck' die Chefin in dir* (Edding 2016).

Diese Titel zeigen klare Hierarchien an, d. h., wer „nach oben" muss und folglich derweil noch „unten" steht. Durch „mehr Erfolg" wird indirekt mitausgesagt, dass Frauen bisweilen weniger Erfolg haben, sich nicht „durchsetzen" können und naturgemäß keine Führungsqualitäten („weck die Chefin") besitzen.

Wir fassen zusammen: (Geschlechter-)Stereotype, die u. a. in der Psychologie und der Linguistik hinreichend belegt wurden, sind für das Denk- und Sprachverhalten gleichermaßen von Bedeutung, indem sie unsere Wortwahl mitbestimmen und die Vorstellungen in unserem Denken maßgeblich beeinflussen. Stereotype können sich jedoch nicht nur im Bereich Geschlecht bilden. Es gibt noch eine Reihe weiterer Bias', die unser Denken beeinflussen, wie beispielsweise den Unconscious Bias, den Gender Bias, den Male Bias, den Female Bias und sogar den *IKEA-Effekt*, die Sie im *Cognitive Bias Index 2016*[4] nachlesen können. Nun möchte ich aber auf das weibliche Selbstkonzept, das unserem Denken erwächst, zu sprechen kommen.

Strukturelle & individuelle Barrieren: Mind the Gap

» *„Ich wollte ja gern aufsteigen, aber bei uns kommt keine einzige Frau in*

---

[4] https://medium.com/better-humans/cognitive-bias-cheat-sheet-55a472476b18 (letzter Zugriff: 15.07.2020).

eine Führungsposition. Das Klima ist da total männlich."

Das von Jutta Rump gegründete Institut für Employability befragt jedes Jahr Führungskräfte zu gesellschaftlich relevanten Themen im HR-Report. „Klassische Rollenbilder" wurden 2015 von 56 % der befragten Führungskräfte als Hindernis für Frauen in Fach- und Führungspositionen genannt (Rump et al. 2015).
Stereotype sind wie Arbeitsroutinen oft seit Jahren festgelegt und dadurch selbstverständlich geworden. Sie werden auch als ein möglicher Grund für die individuelle und strukturelle Diskriminierung von Frauen im beruflichen Kontext gedeutet, z. B. die weibliche Unterrepräsentation in Führungspositionen oder die Gehaltsschere. Diesen *Gender Pay Gap* hat das Statistische Bundesamt im Jahr 2016 auf ca. 21 % in der Privatwirtschaft; im öffentlichen Dienst auf 6 % eingeschätzt. In der gesamten EU ergab sich ein *Gender Pay Gap* von 16,3 %, d. h. Frauen haben im Durchschnitt 16,3 % weniger als Männer verdient. Deutschland steht im Vergleich schlecht da (Frankreich: 15,8 %, Italien: 5,5 %, Polen: 7,7 %, Zahlen von 2015) und Frauen stoßen hier weiterhin von unten an die „gläserne Decke". Glücklicherweise ist inzwischen des Öfteren schon von der „leaky Pipeline" zu lesen, zu der die „gläserne Decke" geworden sei. Diese beschreibt den trotz Frauenförderplänen, Gleichstellungspolitiken oder ähnliches sinkenden Frauenanteil in der Wissenschaft. Diese Sprachbilder zeigen eine als positiv zu bewertende gesellschaftliche Veränderung an, da die „Decke" jetzt eine „Pipeline" (Leitung) geworden ist und nicht mehr „gläsern", sondern „leaky" (löchrig) ist. Sie ist also durchlässiger geworden. Trotzdem muss frau erst durch die Leitung

hindurch und ein Loch finden, das groß genug ist, um nach oben zu kommen.

Es gibt diese, wie ich sie gern nenne, strukturellen Barrieren, die Frauen immer noch am beruflichen Fortkommen hindern und das Leben der Privilegierten *old white men* schützen (denn nehmen wir einmal an, Frauen verdienten ein vergleichbares Gehalt, dann müsste das der Männer ja sinken; nehmen wir an, Frauen wären zu 51 % in allen Bereichen vertreten, dann wären mehr Männer nicht vertreten). Folgende strukturelle Barrieren werden daher weiterhin gesellschaftspolitisch aufrechterhalten:

- Spezifische Nachwuchsrekrutierung (hier wird auch vom *old boys network* gesprochen): Ein Mann wählt eher einen Mann als Nachfolger oder als Kollegen ins Team. Daher bin ich auch eine Befürworterin der gesetzlich verordneten Frauenquote, die bislang leider nur für DAX-Vorstände und Aufsichtsräte gilt, und bislang nicht einmal ansatzweise erfüllt wurde, was die von Katharina Stüber 2017 veröffentlichte Studie zu Gender Equality beweist.
- Berufserfahrung: Frauen gebären auch im Jahr 2021 noch den Nachwuchs (sie leisten also die körperlich anstrengende Reproduktionsarbeit vom Schwangersein mit den Begleiterscheinungen, über die Geburt bis hin zum postnatalen Stillen und Schlafdefizit). Sie haben mindestens die ersten zwei bis drei Monate danach einen geburtsbedingten Berufsausfall, um körperlich wieder zu genesen. In den USA gehen Frauen aus finanziellen Gründen zum Teil bereits nach zwei Wochen wieder arbeiten, können jedoch wegen noch nicht verheilter Geburtsverletzungen nicht richtig sitzen und haben mit unschönen Langzeitproblemen zu kämpfen. Ich weiß, kein leckeres Thema, aber Kinder werden eben auch heute

3 Männer und Frauen zwischen Biologie und ... 45

leider noch nicht vom Storch gebracht. Staatlich steht in Deutschland keine flächendeckende und umfassende erschwingliche Kinderbetreuung oder ein finanzieller Ausgleich für Frauen zur Verfügung, um diesen Lohnrückstand anfangs aufzufangen. Dass viele Frauen sich freiwillig dafür entscheiden, Elternzeit zu nehmen, liegt wieder in ihrer eigenen Verantwortung.
- Branche & Betriebsgröße: Männer arbeiten tendenziell in größeren Firmen, die bessere Aufstiegs- und Gehaltsentwicklungsmöglichkeiten bieten, weniger im schlecht bezahlten Care-Bereich, der alle Tätigkeiten in Pflege und Erziehung beinhaltet. Dies führt auf ein grundlegendes Problem zurück, da Care-Arbeit in unserer westlichen Gesellschaft nicht wertgeschätzt wird („Weil Frauen sie eh machen. Sie machen das doch gerne."). Sie ist keine „produktive" Arbeit, die man in Stückzahl messen kann, was viel über unser Menschenbild und unsere Gesellschaftsform aussagt. In den Gesundheitsberufen arbeiten beispielsweise über 80 % Frauen. Die Entlohnung in diesem Sektor ist, von einigen Ausnahmen (z. B. Ärztinnen) abgesehen, relativ niedrig.
- Ungleiche Arbeitsteilung: Laut der Zeitverwendungsstudie des Statistischen Bundesamtes (2015) wenden selbst voll erwerbstätige Frauen mit Kindern unter sechs Jahren für die Betreuung ihres Nachwuchses mit 2 ¼ Stunden doppelt so viel Zeit auf wie erwerbstätige Männer, nicht erwerbstätige Frauen mit 3 ¼ Stunden sogar etwa das Dreifache. Ähnliches gilt für die Haushaltsverrichtung, bei der Frauen die größten Anteile einnehmen, selbst wenn sie ebenfalls in Führungspositionen sind. Unbezahlte, familiale Pflege wird weiterhin zu etwa 2/3 von Frauen geleistet und bleibt gesellschaftlich weitgehend unsichtbar. Mir berichten wiederholt Kolleginnen und Teilnehmerinnen, die auch in Führungspositionen tätig

sind, dass „das mit dem Geld" Ihr Partner übernimmt. Dies ist eine durchaus legitime Form der Arbeitsteilung. Daraus resultiert jedoch, dass diese Frauen möglicherweise weniger Erfahrung mit dem Thema Geld, keinen Überblick über ihre Finanzen oder Rücklagen und somit keinen direkten (emotionalen) Bezug zu diesem Thema haben.

Die letzten zwei Punkte, Arbeitsteilung und Branche, sind jedoch kritisch zu sehen, denn sie enthalten komplexe Verbindungen zu den individuellen Barrieren, die Frauen aufgrund ihrer Erziehung und nicht hinterfragter Stereotype hemmen, für ihre Bedürfnisse einzustehen oder diese zu entwickeln. Dazu gehören zusätzlich folgende Barrieren:

- Frauen arbeiten häufiger unterhalb ihrer Qualifikation
- Frauen betreiben weniger Karriere- und Finanzplanung
- Frauen führen weniger Gehaltsgespräche und fordern in diesen ca. 16 % weniger Gehalt
- Frauen fokussieren sich in ihrer Selbstdarstellung eher auf Downgrading-Strategien (sich unter Wert verkaufen, Fehler und Misserfolge erwähnen)

Diese individuellen Barrieren wirken natürlich auf die strukturellen Barrieren ein und umgekehrt, so dass die Situation heute so ist, wie sie ist. Sie erinnern sich an das Henne-Ei-Problem? Dass die erwähnten Frauen möglicherweise schlechter bei einer Gehaltsverhandlung abschneiden, ist nur eine logische Folge ihrer Voraussetzungen und muss nicht zwangsweise an einer strukturellen Benachteiligung liegen. Dies ist je nach Einzelfall zu bewerten.

Es ist daher meines Erachtens nicht zielführend, darüber zu diskutieren, wer an was Schuld ist und was zuerst da war. Die strukturellen Barrieren sind v.a. durch außersprachliche politische Maßnahmen (wie Quote, Gesetz zur gleichberechtigten Teilhabe an Führungsposition & Lohn) zu ändern und daher für die meisten von uns nicht direkt mittelbar zugänglich (außer Sie haben gute Connections). An allen individuellen Barrieren jedoch können Sie ab heute arbeiten. Deswegen möchte ich Sie hier dazu einladen, sich von der Rolle der Beifahrerin zu lösen und sich selbst ans Steuer zu setzen. Eine Veränderung des Status Quo fängt bei Ihnen selbst an. Bei Ihrem Denken!

> **Jetzt sind Sie dran!**
> Seien Sie ehrlich zu sich! Welche individuellen und strukturellen Barrieren treffen auf Sie zu?

Literatur

Edding, Cornelia (2016): Herausforderung Karriere: Strategien für Frauen auf dem Weg nach oben. Heidelberg: Carl Auer.
Hentschel, T. und L. Horvath (2015): Passende Talente ansprechen – Rekrutierung und Gestaltung von Stellenanzeigen. In: Peus, C; Braun, S.; Hentschel, T. und D. Frey (Hrsg.): Personalauswahl in der Wissenschaft – Evidenzbasierte Methoden und Impulse für die Praxis. Heidelberg: Springer. S. 65–82.
Herrmann, Susanne (2017): Gleichberechtigung in den Medien? Fehlanzeige. In: W&V, 06.11.2017. https://www.wuv.de/medien/gleichberechtigung_in_medien_fehlanzeige (letzter Zugriff: 19.05.2020)
Hüther, Gerald (2016): Männer – Das schwache Geschlecht und sein Gehirn. Göttingen: Vandenhoeck & Ruprecht.
Knaths, Marion (2009): Spiele mit der Macht: Wie Frauen sich durchsetzen. München/Zürich: Piper.
Lakoff, George; Johnson, Mark (2003): Metaphors we live by. Chicago: University of Chicago Press.

Modler, Peter (2017): Das Arroganz-Prinzip: So haben Frauen mehr Erfolg im Beruf. Frankfurt am Main: S. Fischer.

Rosales, C. Grütering, I. (2013): Mama muss die Welt retten: Wie Mütter vom Wickeltisch aus Karriere machen. Berlin: Aufbau.

Rump, Jutta et al. (2015): HR-Report 2014/2015 – Schwerpunkt Führung. Eine empirische Studie des Instituts für Beschäftigung und Employability IBE im Auftrag von Hays für Deutschland, Österreich und die Schweiz.

Stüber, Katharina (2017): Gender Diversity – So setzen DAX- und MDAX-Gesellschaften die Frauen- und Geschlechterquote um. Allen & Overy.

Wikipedia (2019): WikiProjekt Frauen/Frauen in der Wikipedia. https://de.wikipedia.org/wiki/Wikipedia:WikiProjekt_Frauen/Frauen_in_der_Wikipedia#WMF-2018 (letzter Zugriff: 02.01.19)

Woelki, Marion und Michaela David (2015): Aktive Rekrutierung von Wissenschaftlerinnen als Bestandteil eines wertschätzenden Berufungsmanagements an der Universität Konstanz. In: Claudia Peus et al. (Hrsg.): Personalauswahl in der Wissenschaft. Evidenzbasierte Methoden und Impulse für die Praxis. Berlin/Heidelberg: Springer.

4

Ich denke, also bin ich? – Wie Sie der mentalen Selbstsabotage entkommen

>> Cogito, ergo sum, lautet der erste Satz der Erkenntnistheorie von René Descartes. In aufklärerischer Vernunft wollte er damit die Gesellschaft von den Mythen des Mittelalters befreien und das Zeitalter der Rationalität einläuten. Im Schnitt sind es 17.000 Gedanken am Tag, die wir von links nach rechts schieben und umgekehrt. „Cogito, ergo sum" ist in der Mediendemokratie schon längst durch „In media, ergo sum" ersetzt worden, schreibt Regula Staempfli.[1]

---

[1] http://archiv.regulastaempfli.eu/regulastaempfli/index.html.

Das, woran wir denken, erschafft unsere sprachliche Fokussierung nach außen. Es bestimmt, welche Teile der Welt wir dominant setzen wollen. Es schafft ein Netz aus Überzeugungen und eigenen Wahrheiten, die wir beim Sprechen oder Schreiben verfestigen. Das können Sie relativ einfach testen, indem Sie anderen über ihre berufliche Karriere berichten. Danach lesen Sie Ihren CV einmal im Stillen durch und wiederholen die Aufgabe. Was haben Sie festgestellt? Haben Sie möglicherweise konkrete Wörter übernommen? Wann glauben Sie sich Ihre Aussage eher, vor oder nach der Lektüre?

Unterscheidungen, die wir in der Sprache nutzen, wirken viel stärker auf unser geistiges Leben ein, als wir vielleicht glauben. Ich möchte diese Tatsache am Wortpaar *Networkerin* vs. *Klatschtante* vereinfacht veranschaulichen. Beide Wörter verweisen auf denselben Sachverhalt, der Beschreibung einer Kommunikatorin.

Das Wort *Networkerin* ist positiv besetzt, denn Kontakt zu anderen Menschen ist für uns als soziale Wesen grundsätzlich begrüßenswert (außer wir haben eine ernsthafte soziale Phobie). Durch das Wort wird ein sogenanntes Annäherungsziel, ein angestrebter Zustand, verbalisiert. Das Vorstellungsbild vom angestrebten Zustand wird als neuronales Netz im Gehirn aktiviert, um das erwünschte Verhalten zu zeigen (z. B. auf Menschen zugehen). Daraus resultieren gewisse Emotionen, z. B. Freude, Neugierde etc.

Klatschtante dagegen beschreibt ein Vermeidungsziel, da das „Klatschen" vermieden werden soll. Das Vermeidungsziel aktiviert negative Emotion, denn der Enthusiasmus ist gering, sich mit einer solchen Person abzugeben (die wir möglicherweise selbst sind). Selbiges Schema können Sie auch mit ganzen Sätzen anwenden:

> **»** *Ich gönne mir mehr Ruhe.* (Annäherungsziel) *Ich stresse mich weniger.* (Vermeidungsziel)

Beide Sätze beziehen sich darauf, dass eine Person eine Tätigkeit in Zukunft verändern möchte. Während durch *gönnen* das Annäherungsziel aktiviert wird, ruft *stressen* das Vermeidungsziel auf. Paradoxerweise erzeugt letzteres dann tatsächlich Stress.

Unsere sprachbasierten Gedanken formen unser Bewusstsein, und das Bewusstsein formt wiederum die Realität, die wir wahrnehmen. Daher sehen Menschen, die eher Vermeidungsziele verbalisieren, die Welt stärker als eine anstrengende Bedrohung. Sie neigen zu erhöhter Angst und fühlen sich weniger kompetent, Ziele in Handlungen umzusetzen.

Aus scheinbar kleinen Aussagen können wir also schon viel über uns herauslesen und einen sprachlichen Fingerabdruck erstellen, der wiederum unsere Denkwelt abbildet. Natürlich hat alles, was wir sagen, ob wir es aus einer Annäherungs- oder Vermeidungsperspektive formulieren, wiederum Auswirkungen auf die Personen, mit denen wir uns umgeben.

Das, was in diesem kommunikativen Austauschprozess herauskommt, halten wir für unser Ich. Das Selbstbild, das wir von uns haben wollen (wir wissen ja bereits, dass es niemals zu 100 % mit dem Fremdbild konsistent ist), stellt unsere Wahrheit dar, an die wir glauben. Wir senden Inhalte, die dieser entsprechen – andere Menschen nehmen diese wahr und spiegeln uns die Inhalte als Fremdbild von uns zurück. Diese Rückspiegelung enthält leider auch Inhalte, die wir selbst gar nicht gesehen haben oder zurückweisen („ich bin doch nicht egoistisch!"). Das, was die anderen über uns sagen oder denken, können wir leider nicht ändern. Wir können allerdings bei unserem Denken anfangen, denn das Selbstbild, das wir von uns nach außen mitteilen, hat einen großen Einfluss darauf, wie wiederum über uns gedacht und gesprochen wird, ob das Glas also *halb voll* oder *halb leer* ist. Sprechen und Denken stehen dabei in unmittelbarer Wechselwirkung zueinander.

Ein Fallbeispiel soll diesen Zusammenhang erläutern. Wir bedienen uns dabei Kategorien aus der Logik und markieren Denken = D sowie Sprechen = S.

> **Beispiel**
>
> Maria fühlt sich unsicher vor einer Präsentation, da sie nicht ausreichend Zeit hatte, sich vorzubereiten (=D1). Gleich am Anfang verhaspelt sie sich (=S1). Dieses Ereignis sieht sie als Bestätigung ihres ursprünglichen Gedankens D1. Sie hätte aber auch denken können, dass es selbstverständlich ist, dass sie ohne Skript in mündlicher Sprache einen Wortdreher hat. Keiner kommt im Mündlichen ohne Wiederholungen, Füllwörter oder unvollständige Sätze aus. Sie könnte also denken „Wortdreher im Mündlichen sind menschlich" (=D2). Dieser Gedanke wäre sicherlich produktiver gewesen, weil sie, aufbauend auf diesem, Zugang zu ihren Ressourcen gehabt und eine überzeugende Performance hingelegt hätte. Da Maria den negativen Gedanken aber nicht abwenden konnte, erliegt sie ihrer Self-Fulfilling Prophecy. Die Präsentation verläuft nur mittelmäßig.

Paradoxerweise zeigen einige Studien, dass gerade Personen, denen akademische Bereiche besonders wichtig sind, am anfälligsten für Leistungseinbußen nach Stereotypaktivierung sind. Es beansprucht ihre gesamte Aufmerksamkeit, das Stereotyp nicht bestätigen zu wollen. Diese erhöhte Aufmerksamkeit verringert jedoch die Kapazität ihres Arbeitsgedächtnisses, die dann nicht mehr zur Verfügung steht, um bei komplexen kognitiven Aufgaben zu glänzen. So wird genau das Ergebnis hervorgerufen – schlechtere Leistungen –, das sie so sehr zu vermeiden suchen (Schmader 2010).

Ich erinnere mich noch gut an eine meiner ersten Präsentationen zu Beginn der Promotion. Ich war aufgeregt, da ich noch am Anfang meiner wissenschaftlichen Laufbahn war und viele Koryphäen des Fachs anwesend waren. Es saßen gut 100 Leute in einem Vorlesungssaal in Bayreuth und ich steckte meinen USB-Stick in den Laptop auf dem Pult, auf dem ich meine Präsentation mitgebracht hatte. Da ich darauf keine separaten Ordner eingerichtet hatte (ich hielt dies für unnötig) und bei mir zu Hause alle Inhalte auf dem Stick immer mit Vorschausymbol angezeigt wurden, hatte ich mir auch dazu überhaupt keine Gedanken gemacht. Dieser Computer hatte nun offensichtlich andere Voreinstellungen. Da der Beamer bereits lief, zeigten sich sogleich auf der Leinwand meine letzten Urlaubsfotos (u. a. mein damaliger Partner und ich im Badedress inklusive eines Kamels), da ich diese ebenfalls auf dem USB-Stick gespeichert hatte. Natürlich fand ich dies im damaligen Moment sehr unangenehm, aber ich versprachlichte nicht diesen Gedanken, sondern wählte für das Publikum folgenden Satz: „Jetzt brauche ich mich Ihnen ja gar nicht mehr vorzustellen, das ist übrigens Daniel, mein Partner, und das ist Kamel Willy." In diesem Moment glaubte ich mir den Satz zwar noch nicht vollends, aber durch das freundliche Lachen aller schaffte ich es, bei dem dazugehörigen Gedanken zu bleiben und nicht in einen negativen abzudriften. Ich blieb in diesem mentalen Rahmen, den ich mithilfe des Satzes aufgerufen hatte. Er wurde meine Realität. Der anstehende Vortrag verlief gut und ich fand die richtigen Worte. Am Tag darauf noch wurde ich von einigen Menschen für meinen Vortrag gelobt. Sie hätten sich diesen wegen des Kamels gut einprägen können. Unbeabsichtigt hatte ich also einen Anker hinterlassen.

Ich möchte Sie hiermit jetzt nicht auffordern, bei der nächsten ungeliebten Präsentation Urlaubsfotos zu zeigen. Das Beispiel sollte jedoch möglichst anschaulich zeigen, wie unser Denken Einfluss auf das Sprechen hat sowie vice versa.

Mentale Selbstsabotage

Ich behaupte, die wenigsten Menschen nehmen sich Zeit dafür, ihre eigenen Gedanken oder ihre Sprache zu beobachten. Dies bedarf nämlich nicht nur Zeit, sondern auch eines Trainings, da Sie sich von der Objektebene (Sie als Erlebende und Sprechende) auf die Metaebene begeben müssen (Sie als sich Beobachtende). Sie müssen es also schaffen, sich von Ihrer oder der Aussage des Gegenübers sowie den daraus hervorgehenden Emotionen abzugrenzen und sich aus der Vogelperspektive zu beobachten. So die Theorie.

Praktisch ist das kaum möglich. Wir können uns als Erlebende und Beobachtende nicht einfach aus dem Geschehen herausnehmen, selbst wenn wir gar nicht der Betrachtungsgegenstand sind, um den es gerade geht. Häufig werde ich als Wissenschaftlerin nach einer „objektiven Einschätzung" gefragt, doch ich bin ebenfalls nur Teil des Geschehens, das ich erlebe und beobachte und das Geschehen wird wiederum durch meine Wahrnehmung und meine Teilhabe mitgeschaffen. Das führt uns letztlich zu der Frage, was es denn außerhalb unserer subjektiven Wahrnehmung überhaupt gibt – eine Wirklichkeit, Realität, auf die wir nur keinen Zugriff haben? Diese zutiefst existenzialistische Frage wird bereits seit Jahrhunderten diskutiert. Lassen Sie uns dies in den nächsten Kapiteln ein wenig vertiefen und zumindest so tun, als könnten wir unser Denken, ohne es zu bewerten, beobachten.

> **Jetzt sind Sie dran!**
> Wie sehr achten Sie eigentlich darauf, wie Sie über sich denken, sprechen und schreiben?

In diesem Zusammenhang möchte ich dringend auf die moderne Quantenphysik verweisen (besonders an Hans-Peter Dürr), die empirisch bewiesen hat, dass es Objektivität nicht gibt. Wir können uns also entspannt zurücklehnen, wenn wir das nächste Mal mit jemanden streiten, was richtig oder falsch, objektiv oder subjektiv ist, denn jeder Mensch lebt seine eigenen Wahrheiten und Denkmuster aus.

Unser Denken: richtig und falsch
Ganze Weltdeutungsmuster, von deren Richtigkeit wir überzeugt sind, sind schlussendlich Produkt unserer eigenen Wahrnehmung und Bewertung. Sie haben richtig gelesen. Wir machen uns die Welt so, wie sie uns gefällt. Jeder Mensch hat seine eigene Wahrheit und gute Gründe für diese aus seiner individuellen Geschichte gesammelt. Das müssen wir anerkennen. Ob diese aus unserer Perspektive wiederum akzeptabel sind, kann ausgehandelt werden.

Wer diesen Grundsatz einmal verstanden hat, hat es in vielen Situationen um einiges leichter, da er milder mit sich und seinem Mitmenschen umgehen kann. Ich möchte Ihnen dies an einem kleinen Beispiel illustrieren, das veranschaulicht, wie sehr selbst die „banalsten" Entscheidungen von unseren althergebrachten Denkmustern beeinflusst werden.

> **Beispiel**
>
> Für mich war es beispielsweise schwirig zu Beginn meiner Selbstständigkeit mittags in den Supermarkt zu gehen – „normale Menschen arbeiten ja zu dieser Zeit", dachte mein Gehirn – und ich fühlte mich schlecht. Natürlich ist das, objektiv gesehen, nicht der Fall, denn es gibt Menschen, die der Schichtarbeit nachgehen oder im Krankenhaus Nachtdienst bestreiten müssen und dadurch auch mittags frei haben. Zweitens, „normal" gibt es nicht. Ich war zu Beginn trotzdem nicht in der Lage, etwas anderes zu denken.

Die Psychologie spricht dabei auch von Glaubenssätzen, die uns in unserem Leben einmal begegnet sind und die wir verinnerlicht haben, egal ob sie jetzt noch gültig sind. Meist haben wir sie durch Eltern, Peer-Group oder Medien erlernt. Autorin und Coachin Petra Bock (2015) erklärt dieses Phänomen nicht nur rein entwicklungspsychologisch, sondern spricht von erlernten und veralteten Denkmustern früherer Generationen. Zweck dieser Denkmuster war es, sich in der autoritären Welt unserer Vorfahren selbst zu konditionieren und das eigene Potenzial zu begrenzen statt zu entfalten, um in rigiden Gesellschaftsordnungen zu funktionieren, die fixe Bilder von Arbeit und Freizeit, Mann und Frau hatte. Heute im Jahr 2021 sind diese Denkmuster nur noch Störfaktoren, die uns daran hindern, unser volles kreatives Potenzial auszuschöpfen und ein zeitgemäßes Leben mit zahlreichen Möglichkeiten zu führen, die prinzipiell jedem offen stehen sollten.

Unser entwicklungsfaules Gehirn hat also noch nicht erkannt, dass wir uns in der Wirklichkeit (2021) und nicht in der Imagination (1950) befinden. Wenn Sie denken, dass es sich nicht gehört, mittags einkaufen zu gehen, während „normale" Leute dies erst nach Feierabend ab 18 Uhr erledigen, halten Sie das für die Wahrheit. Einen Schritt weiter gehen Sie dann, wenn Sie diesen Glaubenssatz anderen Menschen als die Wahrheit verkaufen und von dessen Richtigkeit überzeugen wollen. Wie hat unser Arbeitsleben auszusehen? Was macht Männer bzw. Frauen aus? Was charakterisiert eine gute Beziehung? Was ist die „richtige" Religion? Über letztere Frage sind schon viele Verwerfungen und Kriege entstanden, die bis heute andauern.

Selbst sabotierendes Denken
Petra Bock nennt die Denkmuster, mit denen wir uns täglich selbst sabotieren, übrigens MindFuck°. Ihr Buch „MindFuck. Wie wir uns selbst sabotieren und was wir dagegen tun können" (2011) wird seit Jahren deutschland-

weit als Bestseller verkauft. Diese hemmenden Gedanken sind nach Petra Bock nicht einzelne blockierende Glaubenssätze, sondern ganze Skripte, also eine kleine Parallelwelt des Denkens, die einer eigenen Sprache und Logik folgt. Sie hindern uns systematisch daran, unser eigentliches Potenzial zu entfalten. Oft sind es gerade verstaubte Normen aus unserer Kindheit, die in uns hängen geblieben sind.

In meinem Beispiel war es wohl die Stimme meines Vaters, der als Beamter einen 9-to-5-Job mit geregelten, fremdbestimmten Arbeitszeiten hatte. Für ihn war es wichtig, in einer festen, abgesicherten Tätigkeit zu sein. Ich dagegen hatte bereits früh eine andere berufliche und damit verbundene ideologische Richtung eingeschlagen und wollte maximale Selbst- und so wenig Fremdbestimmung wie möglich. Dennoch funkte mir mein Unterbewusstsein immer wieder dazwischen, wenn ich Einkäufe zu anderen Zeiten erledigte als Festangestellte. Ich brauchte bestimmt ein Jahr, um mich von diesem Gedanken zu lösen. Dies geschah über einen längeren Prozess, in dem ich den Gedanken als Satz meines Vaters einordnete und ihn schließlich transformieren konnte in diesen: „Ich habe die Freiheit, zu arbeiten, wann ich will und damit einkaufen zu gehen, wann ich will". Schließlich setzte ich noch einen weiteren produktiven Gedanken dagegen: „Ich gehe einkaufen, wann ich will, weil ich das so wollte und weiterhin will."

Ich fühlte mich durch diese Erlaubnis, die ich mir selbst gegeben hatte, zukünftig wesentlich freier und weniger schambehaftet, wenn ich einkaufen ging. Ich dachte auch darüber nach, wie paradox es denn eigentlich ist, dass wir selbst unsere strengsten Sklavenhalter sind. Rational versteht das jede und jeder von Ihnen, aber es geht auch um das emotionale Verstehen, das Zugestehen, Annehmen, Glauben und Wohlfühlen mit dem neuen Gedanken, der in Handeln umgesetzt wird. Dadurch, dass ich es mir nun erlaubte, mittags einkaufen zu gehen, vermied ich die endlosen Schlangen an den Kassen nach 18 Uhr und traf manchmal sogar Kollegen, die ebenso Freiberufler sind.

Das Leben mit angezogener Handbremse können Sie selbst, wie Sie an meinem Einkaufsbeispiel gesehen haben, ändern. Wir alle tragen die alleinige Verantwortung dafür, unsere unproduktiven Denkmuster nicht auszuleben oder an andere weiterzugeben, sondern in uns aufzulösen, um den Kreislauf zu durchbrechen.

> Petra Bock (2015) konnte hierzu in ihrer Coaching-Laufbahn bestimmte Muster erkennen, die bei den meisten Menschen immer wiederkehren. Schauen Sie doch einmal, welche zu Ihren liebsten Gedanken gehören. Sie können sicherlich jeden Ihrer MindFucks® unter einer der Kategorien einordnen:
>
> 1. Katastrophen-MINDFUCK®: Sich selbst Angst machen, Katastrophen-Szenarien entwickeln, mit dem Schlimmsten rechnen.
> 2. Selbstverleugnungs-MINDFUCK®: Die Interessen anderer vor die eigenen stellen und anderen stets den Vortritt lassen.
> 3. Bewertungs-MINDFUCK®: Sich selbst streng bewerten, Perfektion von sich und anderen erwarten, chronisch unzufrieden mit sich sein.
> 4. Druckmacher-MINDFUCK®: Sich unter Druck setzen, dauernd unter Strom stehen und sich fragen, was man noch tun müsste, sich selbst und anderen Regenerationszeiten verwehren.
> 5. Regel-MINDFUCK®: Sich an willkürliche oder überholte Regeln halten, dadurch streng, eng und klein sich selbst gegenüber sein und die eigene Kreativität einschränken.
> 6. Misstrauens-MINDFUCK®: Sich selbst nichts zutrauen, nicht an die eigenen Fähigkeiten glauben; dadurch auch anderen misstrauen und ihnen böse Absichten, Dummheit oder Faulheit unterstellen.
> 7. Übermotivations-MINDFUCK®: Immer ein Gefühl der Euphorie suchen und dann unweigerlich enttäuscht werden, nach kurzer Zeit wieder das Interesse an Neuem verlieren.

Von mir wissen Sie inzwischen, dass ich mit Nummer 5 (sich (zu) streng an Regeln halten) sehr gut bekannt bin, leider auch mit Nummer 3 (sich selbst streng bewerten).

Ich möchte Ihnen daher noch eine weitere Eigenschaft der MindFucks* verraten. Sie sind so mächtig, dass sie sich nicht nur auf einer Ebene (vertikal), sondern horizontal durch alle unserer Lebensbereiche ziehen. Wenn Sie also Ihre MindFucks* identifiziert haben, sollten Sie sich unbedingt noch eine zweite Frage stellen: Wo sind diese noch zu finden? Wenn Sie ursprünglich von Ihnen in Ihrem Beruf aufgedeckt wurden, schauen Sie auch in den anderen Bereichen, die unser Selbst speisen. Es sind die Bereiche Paarbeziehung, Freunde, Familie, Hobbies, Spiritualität, Ehrenamt oder Werte, die uns ebenfalls prägen. Um dies zu illustrieren, habe ich ein weiteres Beispiel aus meinem Leben ausgewählt, das zwar schon einige Jahre zurückliegt, aber den Bewertungs-MindFuck* sehr anschaulich auf horizontaler Ebene in meinem Leben spiegelt.

In meiner Schulzeit hatte ich mir in den Kopf gesetzt, das Abitur mindestens mit einem Durchschnitt von 1,3 abzuschließen. Ich wollte die beste Frau in unserem Abschlussjahrgang sein. Warum ich mich gerade an die 1,3 klammerte, weiß ich gar nicht mehr. Sie hatte etwas Magisches für mich. Letztendlich bekam ich eine 1,4. Kurioserweise hatte ich von den geforderten 655 Punkten für die Note 1,3 um knapp einen Punkt versagt, sodass 654 Punkte nur eine 1,4 ergaben. Sie haben es gehört: Versagt! Für ca. zwei Wochen ging für mich die Welt unter, ich erholte mich erst langsam. Im Studium dann wertete ich meine Leistung enorm ab, wenn ich eine Klausur oder Hausarbeit, die schlechter als 1,7 war, schrieb. Mit meiner abschließenden mündlichen Magisterprüfung war ich so dermaßen unzufrieden, dass ich damit rechnete, sie würde meine gesamte Endnote versauen. Heraus kam eine 1,0 mit Auszeichnung.

Während meiner Promotion war ich dann plötzlich besessen vom Halbmarathon. Eine immer bessere Zeit musste her. Wohl gemerkt, in einem Jahr lief ich mich von der durchschnittlichen Hobbyläuferin auf den 3. Platz der Frauen in einem gut besetzten Rennen. Ich schaffte aber, anstatt der nach meinem eisernen Trainingsplan angestrebten 1:30 h, nur eine Zeit von 1:31 h. Wer sich auskennt, weiß, dass das trotzdem richtig gut ist. Auch hier hatte ich mein Ziel also minimal verfehlt. Ich stand folglich auf dem Treppchen und ohrfeigte mich gedanklich. Ich glaube, ich konnte keine der etlichen Siegerehrungen genießen, weil ich entweder meine Zielzeit nicht erreicht hatte oder ich mit meiner Platzierung unzufrieden war. Ich fand immer irgendetwas, das nicht gut genug war – ein typisches Indiz für den Bewertungs-MindFuck*.

Das Streben nach der Bestzeit
Begonnen hatte alles im Oktober. Durch das viele Arbeiten am Schreibtisch war ich träge geworden unter dem ganzen Bücherberg. Mein Kopf war programmiert auf Denken, das Ausloten von Textwelten, anderen Perspektiven – möglichst präzise, objektiv und schnell. Wie der Rest meines Körpers – abgesehen von meinem Gehirn – in der Lage war, sich zu verbiegen – ein fremdes Terrain. Dieses Gefühl kennt wohl jeder, der schon einmal über einer Studienarbeit gegrübelt hat. Auch die Hälfte aller Deutschen verbringt einen Großteil ihres Tages in Fehlhaltung sitzend, ohne genügend körperliche Bewegung. War der Mensch noch Jäger und Sammler in früheren Tagen, hat er sich heute zum Schreibtischtier gemosert. Anatomisch gesehen, bestätigen Experten, ist er dazu allerdings nicht ausgelegt, weshalb sich schon im jungen Alter Beschwerden häufen. Das sollte sich in meinem Falle ändern. Ich beschloss, mein altes Hobby wieder aufleben zu lassen –

4 Ich denke, also bin ich? – Wie Sie der mentalen ...

etwas physisches – das Laufen. Schon als Schulkind hatten meine Eltern mich ins Leichtathletik geschickt, um Volksläufe und Wettkämpfe zu bestreiten. Denn schon Aristoteles wusste: Ein gesunder Geist wohnt in einem gesunden Körper.

Eine neue Ausrüstung musste her. Meine alten Laufschuhe waren schon lang ausgetragen und – so wusste der Verkäufer – ohne die neuesten Raffinessen. Meine bisherigen unregelmäßigen Jogging-Einheiten alle zwei Wochen wichen einem festen Trainingsplan – und einem Trainer, der in jungen Jahren selbst erfolgreicher Sprinter gewesen war. Ziel: der MLP-Halbmarathon im Mai. Einfach nur ankommen war mir zu wenig. Ich hatte immer schon hoch gesteckte Ziele.

Mit eisernem Training und reichlich Disziplin würde ich eine ambitionierte Zeit schaffen, wusste ich, und war von da an viermal pro Woche im oberen Pulsbereich. Bereits zu diesem Zeitpunkt spürte ich, wie die innere Spannung in mir wuchs. Schon in den 70er Jahren erkannte Timothy Gallwey in seinen Studien dieses Problem: Für Erfolge im Sport ist die eigene Psyche keine zu vernachlässigende Größe, denn der größte Gegner wohnt im eigenen Kopf. Selbstbeschränkungen wie Anspannung, Selbstzweifel oder Versagensängste sind es, die in enormem psychischem Druck enden und die körperliche Leistungsfähigkeit damit behindern. Viele sportliche Karrieren enden – im wahrsten Sinne des Wortes – damit. Ein prominentes Beispiel dafür ist etwa der Skispringer Sven Hannawald, der erst unter Magersucht, später unter Belastungsdepressionen litt. Meine Sportlerkarriere dagegen hatte noch nicht einmal richtig begonnen.

Der Winter kam. Meine Tagespläne baute ich um, sodass ich noch im Hellen über den Asphalt sprinten konnte. Freunde mussten warten – erst kam das Training. Eine sportlergerechte Ernährung entnahm ich eigens angeschaffter Literatur des Laufpapstes Herbert Steffny: *Das große Laufbuch: Alles, was man übers Laufen wissen muss* (2017). Ich studierte dieses in wissenschaftlicher Manier und korrigierte meine Zielzeit nach unten – für mehr Ansporn. Das Buch verriet mir auch meinen idealen Puls und die perfekte Laufgeschwindigkeit. Beim Training kam ich mir dennoch immer zu langsam vor – ein typischer Mechanismus der inneren Stimme, die mich mehr und mehr unter Druck setzte. Petra Bock spricht hierbei, ähnlich wie Gallwey, von den sogenannten „inneren Wächtern" (Bock 2011), die uns (oft auch unbewusst) bremsen und die es zu überwinden gilt. Deswegen vertraute ich professioneller Hilfe: Ein Running Computer sollte helfen – eine Hightech-Laufuhr mit Sensor am Brustgurt, die nicht nur Puls, sondern auch Geschwindigkeit und Distanz maß. Ausgerüstet mit diesem exklusiven Accessoire ging es weiter und schneller – 15 Kilometer. Das Training musste wöchentlich intensiviert werden. Professionelle Läufer absolvieren bis zu sechs Einheiten wöchentlich.

Inzwischen waren es -10 Grad – der kälteste Winter der letzten Jahre, hieß es. Doch der Trainingsplan befahl den 18-Kilometer-Lauf: In Funktionskleidung stob ich über den gefrorenen Boden. Meine Nase lief, Erkältungssymptome machten sich bemerkbar – dagegen halfen Vitamin- und Eiweißpräparate. Man musste sich nur zum Laufen bei diesen Temperaturen erziehen, predigte ich mir. Trainingsausfall aufgrund von Wetterbedingungen konnte ich mir auf keinen Fall leisten. Ohne harten Körpereinsatz würde ich mein ehrgeiziges Ziel nicht erreichen. Nebenbei bewunderte ich Rennradfahrer im Fernsehen. Hier bedeutete Körpereinsatz oft auch die Einbeziehung von leistungssteigernden Medikamenten, die unter das Schlagwort „Doping" fallen. Auch unter Läufern sind blut- verdünnende Schmerzmittel oder die Sauerstoffaufnahme fördernde Präparate keine Seltenheit.

Erster Etappenerfolg: 19 Kilometer in 1 Stunde, 33 Minuten – auch ohne Medikamenteneinsatz. Um noch bessere Zeiten zu erzielen, schaffte ich mir ein weiteres Paar leichtere Wettkampfschuhe an. Inzwischen hatte ich ein schlechtes Gewissen, wenn ich nur einen Tag des Wochentrainings nicht wahrnehmen konnte und schuftete am nächsten doppelt so hart – die Angst vor Leistungseinbußen zu groß.

So kann es zu dem von Experten beschriebenen Übertraining kommen, d. h. der Körper empfängt zu viele harte Reize nacheinander ohne Ruhephase, die er zur Erholung braucht, und kommt mit der Regeneration nicht nach: Es kommt zum Leistungsabfall.

Der Einbruch kam. Einen Tag, zwei – eine Woche – und ich begriff erneut: Mein größter Rivale war mein eigenes Ich. Mein Plan, das Laufen als Bereicherung zu beginnen, hatte sich verselbstständigt, war im wahrsten Sinne des Wortes zum Selbstläufer geworden: Ich jagte Bestzeiten und diese mich: Kopf und Körper fühlten sich ausgelaugt an. Doch mein Ziel, das ich klar vor Augen hatte, wollte ich nicht aufgeben. Dennoch musste mentaler Vorbereitung mehr Platz eingeräumt werden. Viele Sportler vertrauen deshalb auf die Expertise von Sportpsychologen oder Mentaltrainern, lernen das Abschalten an Ruhetagen oder nach missglückten Wettkämpfen. Aristoteles' Formel gilt also auch umgekehrt, dass ein Sportler einen trainierten Geist braucht, der mit diesem Anspruch an die außerordentliche körperliche Leistungsfähigkeit umgehen kann. Diesen Weg – von Physis zu Psyche (und nicht umgekehrt!) – musste ich erst lernen: Die Entscheidung über Triumph oder Niederlage fällt also oft nicht im Wadenmuskel – sondern im Kopf.

Mein Körper rettete mich damals glücklicherweise. Ich bekam solche starken Rückenschmerzen, dass ich das Wettkampf-Laufen aufgeben musste und ab dato nur noch hobbymäßig in einer Laufgruppe trainierte. Erst jetzt fing das Laufen an, mir Spaß zu machen. Dieses einschneidende physische Erlebnis brachte mich letztlich dazu, mich ernsthaft mit dem Bewertungs-MindFuck°, der mich jahrelang gequält hatte, zu beschäftigen.

Ich musste erst ein gewisses Maß an körperlichem Leid erreicht haben, bis ich von meinem MindFuck° loslassen konnte. Das ist das Charakteristikum unserer negativen Glaubenssätze: Wir folgen ihnen gnadenlos und halten sie für wahr, auch wenn sie uns in eine destruktive Richtung bringen. Mein Umfeld hatte das schon weit vor mir erkannt. Aber all die Warnungen, Beschwichtigungen und Laufverbote halfen nichts, mich von meinem Streben abzuhalten. Aus diesen musterhaften Ereignissen in meinem Leben habe ich auf jeden Fall eines gelernt. Glauben Sie nicht alles, was Sie denken! Wenn mehr als drei Leute Ihnen von außen eine andere Perspektive als die Ihre aufzeigen, gehen Sie dieser Frage kritisch nach.

Literatur

Bock, Petra (2011): Mindfuck. Warum wir uns selbst sabotieren und was wir dagegen tun können. München: Knaur.

Bock, Petra (2015): Mindfuck Job. So beenden Sie Selbstblockaden und entfalten Ihr volles berufliches Potenzial. München: Knaur.

Schmader, Toni (2010). Stereotype Threat Deconstructed. In: Current Directions in Psychological Science 19(1), S. 14–18.

Steffny, Herbert (2017). Das große Laufbuch: Alles, was man übers Laufen wissen muss. München: Südwest Verlag.

5

Gedanken schreibend strukturieren: Kommunikation mit dem Unaussprechlichen

> **»** Als ich meinen MindFuck® niedergeschrieben hatte, fiel mir das Leben sichtlich leichter. Durch das Schreiben bekommen die Gedanken Form. Daher gilt Schreiben schon lange als Therapie. Vera Birkenbihl (1999) hat uns vor gut 20 Jahren vor Augen geführt, wie viel gedanklicher „Müll" sich durch 10 Minuten tägliches Schreiben aus dem Gehirn entsorgen lässt, indem wir den Tag schriftlich Revue passieren lassen.

Das Gedanken-Beschreiben hat einige Vorteile: Sie können nicht mehr vor den Gedanken weglaufen, die Sie täglich sabotieren. Vielleicht bekommt das, was Sie gedacht haben, wenn Sie es lesen, eine völlig neue Qualität. Vielleicht müssen Sie schmunzeln und können es selbst gar nicht mehr so ernst nehmen. Vielleicht finden Sie sogar MindFucks* in Ihren Gedanken. Auf jeden Fall nehmen Sie Ihre Gedanken durch das Schreiben ernst. Der Philosoph Michel Foucault (1974) fragte bereits: Warum denken wir genau das an dieser Stelle und nichts anderes? Das ist eine legitime Frage – was hat in Ihrem Leben dazu geführt, dass Sie die geworden sind, die Sie nun sind? So können Sie versuchen, Ihre Gedanken zu kartieren, um sie letztlich in ihrer eigenen Logik zu verstehen. Erst wenn Sie die Logik der Gedanken verstanden haben, können Sie sich auf den Weg machen, diese zu ändern, indem Sie durch Sprache transformiert werden. Es gilt also:

1. Wahrnehmen
2. Verstehen
3. Transformieren durch Sprache

Tagebuch schreiben kennen sicherlich viele von Ihnen. Aber auch in Briefen oder E-Mails ordnen wir damit unsere Gedanken und gewinnen manchmal klarere Vorstellungen von unseren Wünschen, Absichten oder ganze Ablaufpläne. Schreiben kann zudem Distanz zu emotional schwierigen Themen schaffen. Sicherlich haben Sie bereits schon erfahren, wie sehr Schreiben erleichtern kann und dafür sorgt, dass man sich besser fühlt. So kann eigentlich jeder intuitiv ganz für sich allein schreiben. In der Geschichte gibt es berühmte Fälle, wie den Kirchenvater Augustinus oder Rousseau und Kant, die durch Schreiben zur Selbstheilung, letztere zur Selbsterkenntnis gekommen sind.

Schreiben Sie daher auch Dinge auf, die Sie als positiv erlebt oder als schön empfunden haben. Die Aufgabe ist simpel, aber sehr wirksam. Indem wir unsere Aufmerksamkeit für Positives schärfen, entwickeln wir neue neuronale Verknüpfungen, die zu unserem allgemeinen Wohlbefinden beitragen. Dafür reichen schon fünf Minuten am Tag.

Gedanken in Frage stellen
„Unser Leben ist das Produkt unserer Gedanken", sagte schon Marc Aurel. Aber was macht man nun, wenn es belastende Gedanken gibt, die einen nicht loslassen, die Sie immer wieder durchdenken, beiseite legen, die jedoch wieder und wieder hochkommen? Wenn Sie wieder einmal nicht schlafen können vor lauter „Gehirnstress" auf der Autobahn?

Wie wir bereits wissen, können Gedanken durch Schreiben strukturiert werden, sie können dadurch in ihrer belastenden Nähe abnehmen und letztlich weniger negative Emotionen in uns auslösen. Nicht umsonst kennen wir die Redensart „sich etwas von der Seele schreiben". Sie können nun, wie es das kreative Schreiben empfiehlt, einfach drauflos schreiben, was Ihnen durch den Kopf geht. Möglicherweise fällt Ihnen keine klare Struktur für Ihren gedanklichen Müllberg ein oder Sie fühlen sich unter Druck, etwas zu Papier bringen zu müssen. Vielen geht das so – dann schreiben Sie genau das nieder. „Ich kann gerade keinen klaren Gedanken fassen, wie soll ich dieses ganze Wirrwarr nur in Wörter bringen? Das ist doch alles Mist". Fluchen Sie ruhig ein bisschen und lassen Sie Ihren Emotionen freien Lauf. Sie werden sehen, dieses sogenannte Freewriting wird Sie befreien, möglicherweise wollen Sie dann gar nicht mehr aufhören zu schreiben.

Wenn es um komplexere Situationen geht, die Sie bearbeiten wollen, aber auch mit dem Freewriting nicht weiterkommen, gebe ich Ihnen eine mögliche Schreibanleitung zur Inspiration. Sie baut auf die Arbeit auf, die Sie bereits mit Ihren MindFucks* geleistet haben, aber sie geht noch stärker in die Tiefe. Sie werden damit zu einer akribischen Detektivin Ihrer eigenen Gedankenwelt. Und: Seien Sie ehrlich zu sich selbst, sonst ist diese Arbeit reine Zeitverschwendung. Am Beispiel meines Marathontrainings zeige ich Ihnen, wie ich damit gearbeitet habe:

1. Beschreibung der Situation:
   In welchen Rahmenbedingungen sind Sie Ihren belastenden Gedanken ausgesetzt? Manchmal prägt uns ein uns umgebendes System (egal ob es die Leichtathletik, ein Unternehmen, eine Behörde oder eine Schule ist) unterbewusst durch seine Normen mit.

   Ich trainiere wie eine Wilde mit meiner Laufgruppe und separat, mindestens fünf Tage in der Woche. Ich habe mir eine Zielzeit gesetzt und erreiche diese fast jedes Mal um ca. eine Minute nicht.
2. Beschreibung des Gedankens/MindFucks®:
   Versuchen Sie, den Gedanken so akribisch wie möglich in einem Satz auf den Punkt zu bringen.
   Ich bin eine Versagerin und chronisch unzufrieden mit meiner Leistung. (Bewertungs-MindFuck®)
3. Beschreibung des damit verbundenen Gefühls:
   Dieser Punkt ist besonders schwer, denn Gefühle lassen sich häufig schwer identifizieren und erst recht nicht voneinander trennen. Der Evolutionsbiologe Paul Ekman hat sieben Basisemotionen definiert, die kulturunabhängig gelten (Freude, Wut, Ekel, Furcht, Verachtung, Traurigkeit, Überraschung). Komplexere, so genannte sekundäre Emotionen, die aus Vermischungen der primären Emotionen entstehen, sind Stolz, Scham und Schuld. Wenn es Ihnen gelingt, Ihre Emotionen, die ein Gedanke in Ihnen auslöst, zu erfassen, sind Sie schon einen großen Schritt weiter. Sie können dann nämlich die emotionale Ebene von der sachlichen (Gedanke) trennen und analytisch damit weiterarbeiten. Oft hilft es bereits, sich die Emotion einzugestehen, die ein Gedanke auslöst, um sich Schritt für Schritt davon zu entfernen.

   In meinem Fall ging es primär um: Wut, Traurigkeit sowie sekundär: Schuld.
4. Den Gedanken in Frage stellen. Ist er automatisiert, extrem, auf Fakten basierend und wirklich ausgewogen?
   Da Sie nun die Emotion von Ihrem Gedanken abgetrennt haben, können Sie ihn wie eine Forscherin betrachten und ihn entsprechend dekonstruieren, also ihn auf seine Wahrhaftigkeit und Sinnhaftigkeit testen.

5 Gedanken schreibend strukturieren: ...

Mein Gedanke drängte sich automatisch auf, schon wenn es sich bei meiner Zielzeit nur um eine Minute Abweichung handelte. Er war zudem sehr abwertend gegenüber mir selbst und ließ keine Abstufungen zu. Es gab nur Versagerin vs. Nicht-Versagerin.

5. Gibt es Beweise für den Gedanken oder dagegen?

Auch dieser Schritt dient, ähnlich eines Gerichtsverfahrens, der Beweisaufnahme, um Ihren Gedanken objektiver werden zu lassen.

Ich konnte keine Beweise dafür finden. Mein ganzes Umfeld bewunderte meinen sportlichen Höhenflug, ich bekam hohe Anerkennung aus dem fachärztlichen Bereich sowie von erfahrenen Läufern und Läuferinnen. Außerdem lief es in meinen anderen Lebensbereichen (Beruf, Paarbeziehung) solide; diese Bereiche blendete ich jedoch bzgl. meiner Zufriedenheit völlig aus.

6. Ist der Gedanke aus dem Zusammenhang gerissen?

Auch diese Frage hat die Funktion, den Realitätsgehalt des Gedankens aufzudecken. Häufig ist unser Denken nämlich schon ein reinstes Luftschloss und wir vergessen, dass wir Menschen sind.

Ich zog nicht in Betracht, dass ich erst kurze Zeit im Laufsport war und dass die Ziele, die ich mir gesetzt hatte, physiologisch kaum erreichbar waren.

7. Gibt es eine unglaubwürdige Informationsquelle?

Wir wissen bereits: Wir können niemals objektiv für uns selbst sein, denn unser Gehirn nimmt bereits gedankliche Transformationen unterbewusst vor (z. B. Übergeneralisieren, Über-/Untertreiben, Vereinfachen). Diese sollen hier offengelegt werden.

Ja, es gab eine unglaubwürdige Quelle, und die war ich selbst. Niemand sonst hatte diesen Gedanken gedacht, noch zu mir hin ausgesprochen. Ich übergeneralisierte und übertrieb maßlos. Außerdem beachtete ich wichtige Informationen nicht (z. B. kurze Zeit im Laufsport).

8. Nun gilt es, einen alternativen, ausbalancierten Gedanken zu fassen!

> Durch die analytische mehrdimensionale Betrachtung Ihres Gedankens haben Sie jetzt genug Aspekte gesammelt, um einen neuen Gedanken zu fassen, der Sie weniger selbst sabotiert. Der letzte Schritt ist, wie fast immer, der schwerste. Es gilt, den Gedanken durch Sprache zu transformieren. Hier helfen die Antworten der Fragen 1–7, aber sprachliche Kreativität ist ebenfalls gefragt.
> *Ich habe mein Ziel nicht erreicht, das sehr hoch und fast unrealistisch war. Das ist schade, aber menschlich. Meine erreichte Zeit ist klasse. Das nächste Mal versuche ich es erneut.*

> **Tipp**
>
> Am Anfang kann es auch helfen, Vertraute um Rat zu fragen, denn diese denken sicher einen alternativen Gedanken, da sie die Welt anders sehen und erleben.

Im Laufe der Zeit habe ich alle aufdringlichen Gedanken, die ich hatte, mit diesem Schema geordnet. Interessanterweise stellte ich dabei typische Gedankenautobahnen fest, in denen ich immer wieder steckenblieb. Eine Teilnehmerin meiner Seminare formulierte dies einmal sehr hübsch: „Wir müssen einen Gedanken häufig wiederkäuen, bis er wirklich verdaut ist." So war es. Ich kann Ihnen nicht sagen, wie oft ich diesen Kreislauf durchlaufen musste, bis ich in der Lage war, den alternativen Gedanken wirklich zu denken und mir dies auch zu glauben. Ich habe mir außerdem angewöhnt, von meinen Erwartungen, die immer utopisch und wenig wohlwollend waren, grundsätzlich 20 % abzuziehen. Sich diese Imperfektion einzugestehen und auch zu erlauben, war ein schwerer Schritt für mich, denn damit gingen meine primären Gefühle Wut und Trauer einher, die ich häufig unterdrückt hatte. Ich versteifte mich meist auf die Schuld (sekundär). Somit musste ich auch ler-

5 Gedanken schreibend strukturieren: ...

nen, an meinem Emotionsmanagement zu arbeiten, indem ich mir beispielsweise Trauer eingestand (*Das ist schade*) sowie meine Wut nicht gegen mich selbst richtete (*aber menschlich*).

Diese Gefühle kennen sicher einige von Ihnen. Gerade in der Selbstständigkeit, aber auch in der Forschung ist eine ehrgeizige Erwartung an sich notwendigerweise der Antrieb, der uns weiterbringt, da in beiden Branchen eine Stagnation den Ausstoß bedeutet. Allerdings bedarf es auch hier einer balancierten Gedankenwelt, da der Mensch glücklicherweise keine Maschine ist. Spielt man dieses Gedankenspiel einige Male durch, werden Sie, wie ich auch, feststellen, dass die Gedanken weniger aufdringlich werden, dass Sie diese als „schon bekannt und dokumentiert" einordnen und vielleicht irgendwann sogar ad acta legen können. Vielleicht ärgern Sie sich am Anfang noch über Ihre Gedanken oder bemitleiden sich selbst, mit der Zeit werden Sie allerdings nachsichtiger werden. Aber keine Sorge: Es werden neue Gedanken kommen.

Zum Abschluss dieses Kapitels möchte ich Sie noch auf eine gut geführte Liste von sabotierenden Gedanken aufmerksam machen, die ich auf dem Blog „Raus aus dem Hamsterrad" von Markus Cerenak gefunden habe. Es geht darum, diese Glaubenssätze zu transformieren, da es solche sind, die uns klein halten und davon abhalten, das zu entfachen, was uns wirklich interessiert, antreibt, Freude macht und Bedeutung für unser Leben ergibt. Wenn Sie sich in einem oder mehreren der folgenden Punkte wiedererkennen, dann wissen Sie, dass auch Sie die *Gesetze des Hamsterrads* (oder zumindest einige davon!) befolgen:

- Sie akzeptieren Gegebenes
- Sie beneiden andere und regen sich über bestimmte Zustände auf, aber ändern nichts daran

- Sie leben nach dem Motto „früher war alles besser"
- Sie unterwerfen sich Ihren Ängsten
- Sie denken/sagen „Ich bin halt so" und „Das ist halt so"
- Sie übernehmen keine Verantwortung für Ihr eigenes Leben
- Sie lernen nicht aus den Fehlern, die Sie gemacht haben
- Sie geben schnell auf
- Sie schieben alles vor sich her

> **Jetzt sind Sie dran!**
>
> Wenn Sie noch ein wenig Gehirnschmalz haben, können Sie diejenigen ankreuzen, die Sie möglicherweise kennen und alternative Gedanken dazu formulieren.

Ich verabschiede Sie nun aus dem ersten Teil des Buches. Sie haben hier gelernt, wie Sie Ihr Denken ordnen, negative Glaubenssätze aufspüren, verstehen und durch Sprache in eine neue Richtung lenken können, auf dem Weg zu dem Selbst, das Sie sein wollen. Dass sie dafür auch die richtigen Worte finden, dafür sorgt der zweite Teil des Buches.

Literatur

Birkenbihl, Vera F. (1999): 115 Ideen für ein besseres Leben. München: MVG Verlag.

Foucault, M. (1974): Die Ordnung der Dinge – Eine Archäologie der Humanwissenschaften. Berlin: Suhrkamp.

Teil II

Sprechen

Sprache ist die Kleidung der Gedanken – und ein potentes Mittel menschlicher Interaktion, anderen die eigenen Wünsche und Ideen mitzuteilen. Unsere Werte, Glaubenssätze und Menschenbilder schlagen sich in unseren Ausdrucksmustern nieder, d. h. in der Verwendung verschiedener sprachlicher Mittel wie Füllwörtern, Emotionswörtern oder Negationen. Wir sind zum großen Teil selbst dafür verantwortlich, wie man uns wahrnimmt, anspricht und behandelt. Sie lernen in diesem Teil des Buches, wie Sie Ihre fachlichen Kompetenzen, Persönlichkeitsmerkmale und Ihren Gesellschaftsbeitrag mit der Methode des Markendreiecks erfassen und die für sich definierten Werte (und Wörter) in Gesprächen einsetzen können. Sie setzen sich mit Tabuthemen auseinander, die meist mit negativen Glaubenssätzen belegt sind, die sich kulturell eingeprägt haben, um das Redeverbot aufrecht zu erhalten. Ich zeige Ihnen, wie Sie Tabuthemen aufbrechen, damit Transparenz fördern können und wie Sie dieses Wissen bei der nächsten Gehaltsverhandlung einsetzen. Sie lernen außerdem, dass wir weniger kommunizieren, um uns zu verstehen, sondern dass Kommunikation vielmehr permanentes Missverstehen ist. Wir führen am Tag mehr kommunikative Reparaturhandlungen (Korrigieren, Spezifizieren, Nachfragen etc.) aus als umgekehrt. Nicht-Verstehen kann durchaus nützlich sein, denn es ist ein Zeichen für problematisierendes Denken. Wer nicht versteht, lernt gerade vom neuen psychischen System des Gesprächspartners. Hierfür lernen Sie sprachliche Distanzierungsarbeit als Methode der Selbstreflexion und um die Wahrheiten anderer Personen zu verstehen. Weiterhin lernen Sie, was empathisches Kommunizieren ausmacht und die Prinzipien der Effektiven Empathischen Kommunikation (EEK). Diese lassen sich nicht nur auf alltägliche Gespräche, sondern gerade auf schwierige kommunikative Situationen anwenden, etwa Konfliktgespräche mit Kollegen, dem Partner, den Eltern etc., die aufgrund verschiedener Erfahrungen oder Persönlichkeitsdispositionen konfliktbeladen sein können.

6
Sprache als Kleidung der Gedanken

> „Language is the dress of thought" (*Sprache ist die Kleidung der Gedanken*),[1] schrieb der englische Schriftsteller Samuel Johnson im 18. Jahrhundert. Sprache ist auch ein potentes Mittel menschlicher Interaktion, anderen die eigenen Wünsche und Ideen mitzuteilen. Dabei benutzen wir Zeichen, auf die wir uns in unserer Kultur geeinigt haben (Gestik, Mimik, Bild, Text, Ton). Diese Zeichen tauschen wir nach bestimmten Regeln aus (z. B. Grammatik). Die Verwendung von Zeichensystemen kann als anthropologische

---

[1] Oxford Essential Quotations (4 ed.) Edited by Susan Ratcliffe Oxford University Press 2016.

Konstante des menschlichen Lebens gelten, da wir immer wieder eine (neue) Zeichensprache gefunden haben (angefangen bei der Höhlenmalerei), um uns gegenseitig abstrakte Vorgänge des eigenen Bewusstseins mitzuteilen.

Wir sprechen aber auch, um andere zu beeinflussen, denn Kommunikation folgt immer einer Absicht. Das ist überhaupt nicht negativ gemeint, denn der Mensch ist nicht nur ein soziales, sondern auch ein intentional handelndes Wesen auf der Suche nach Befriedigung seiner Bedürfnisse. Die Krux liegt hier wieder im Denken, da sich die Frage stellt: Was ist für mich persönlich eine annehmbare Absicht? Wenn ich die Absicht verfolge, kooperativ zur Lösung problematischer Situationen zu kommen, unterscheidet sich diese Intention vom Ziel, eine andere Person kleinkriegen zu wollen.

Mit Sprache kann man auch ganze Handlungen durchführen. Schon 1975 erklärte John L. Austin in seinem Buch *How to do things with words*, wie beispielsweise der Akt des Dankens durch das Wort *danke* oder der Akt des Kündigens durch die Äußerung *ich kündige* ausgeübt werden. Im privaten Kontext wird durch die Aussage *Ja, ich will* eine Ehe geschlossen. Alle drei Äußerungen verändern die Realität des Sprechenden (Sender) und des Zuhörenden (Empfänger).

Der scheinbar minimale Akt der Ansprache eines anderen ist fundamental für den Aufbau jeder Beziehung, da durch Sprache auf der Beziehungsebene emotionale Ankerpunkte gesetzt werden. Sprache dient nämlich nicht nur dazu, Informationen auszutauschen, sondern – ganz essenziell – soziale Beziehungen und ganze Bedeutungswelten zu erschaffen. Mit anderen Worten: *Wir sind, was wir sprechen.*

Daher empfehle ich allen Teilnehmerinnen in meinen Seminaren, ihre Gespräche mit einem Smartphone aufzunehmen oder E-Mails, die sie geschrieben haben, auszudrucken und nebeneinander zu legen. Unsere Werte, Glaubenssätze und Menschenbilder schlagen sich in unseren Ausdrucksmustern nieder. Ihr sprachlicher Fingerabdruck lässt also einiges über Sie erahnen.

»Sich selbst zuhören bringt uns alle enorm weiter!

Wer kommt schon auf die Idee, die eigene Sprachverwendung (in der Linguistik spricht man hier von *Ideolekt*) zu untersuchen? Alles andere, was wir täglich in unserem Körper benutzen, lassen wir gern einmal medizinisch durchchecken, ebenso unsere Ausscheidungen – unsere Sprache jedoch nicht! Fangen wir doch jetzt gleich damit an! Sprache setzt Gedanken, Gefühle und uns selbst in Bewegung – in welche Richtung allerdings, hängt von uns selbst ab.

> **Jetzt sind Sie dran!**
> Suchen Sie nun einen längeren schriftlichen Text, den Sie verfasst haben, z. B. eine E-Mail oder einen Bericht.

Fangen Sie an, Wörter zu zählen. Welche Wörter verwenden Sie häufig? Aus welchen Wortfeldern stammen Sie? Emotionen, Zustände, Handlungen, Dinge, Menschen, Zeitangaben und Orte sind mögliche Wortfelder. So können Sie sehen, was Ihnen möglicherweise wichtig ist, denn

Wortbereiche, die wir häufig verwenden, zeigen uns unseren Lebensfokus an.

Welche Füllwörter nutzen Sie? Sagen Sie etwa häufig *quasi, eigentlich* oder *vielleicht*? Dann blättern Sie zurück zu Kap. 2 mit den Heckenausdrücken. Diese schränken nämlich ihre Aussage in soweit ein, dass Sie Ihren Adressaten nicht vor den Kopf stoßen möchten. Aber können Sie so Ihre Position klar kommunizieren?

Reden Sie von *ich, wir* oder *man*? Hieran ist beispielsweise erkennbar, ob Sie in Ihrem Leben aktiv für etwas einstehen oder sich lieber hinter dem Mehrheitskollektiv (*man*) ausruhen wollen (*Man macht das hier so* anstatt *Ich mache das so*).

Wenn Sie beispielsweise sehr viele einschränkende Konjunktionen wie *allerdings, aber* oder *jedoch* verwenden, könnte es sein, dass Sie viele Einschränkungen in Ihrem Leben machen und Sachverhalte vor allem als Risiko bewerten. Sie können auch insgesamt analysieren, welche Substantive Sie nutzen. Schreiben Sie eher *Problem* und *Risiko* oder *Projekt* und *Herausforderung*? Sie erinnern sich hoffentlich noch an die Annäherungs- und Vermeidungsziele, die hier zum Tragen kommen.

Drücken Sie Emotionen in Ihrer Sprache aus (*dankbar, toll, klasse, super, freuen*) oder ist Ihr Stil eher sachlich bis nüchtern? Daran können Sie sehen, ob Sie eher ein extravertierter oder introvertierter Persönlichkeitstyp sind.

Wie häufig nutzen Sie selbst Negationen (*nein, nicht, kein/e, nie, un-*)? Dies bezieht sich wieder auf Ihre generelle Einstellung, die eher positiv oder negativ sein kann.

Wenn Sie viel online unterwegs sind, bedienen Sie sich sicherlich auch der Internetsprache. Hier fließen viele englische Begriffe sowie orthografische Varianten (Kleinschreibung, Smileys) ein, die wir in offiziellen Dokumenten weniger verwenden würden. Tun wir es doch, trägt es eine bestimmte kommunikative Funktion.

6 Sprache als Kleidung der Gedanken 79

Zuletzt können Sie noch analysieren, welchen Sprachgemeinschaften Sie angehören. Das nachstehende Beispiel (Abb. 6.1) einer Klientin zeigt das Sprachprofil einer 40-jährigen Mathematiklehrerin, die folgendes für sich herausgefunden hat: Durch Ihr Fach Mathematik nutzt Sie bestimmte Begriffe der jeweiligen Fachsprache (*Formel, Graf*). Dadurch, dass Sie aber in Kontakt mit jungen Leuten bleibt, bedient Sie sich auch deren jugendsprachlicher Welt (*cool, App*). Um wiederum mit ihren Eltern zu kommunizieren, nutzt sie ein Repertoire an seniorensprachlichen Mustern (z. B. Sprechen über das Alter, Erzählungen, Belehrungen). Zuletzt verwendet sie, da sie aus Heidelberg stammt, einen Kurpfälzer Dialekt. Der Dialekt kommt im Schriftlichen kaum, dafür aber in der mündlichen Sprache zum Tragen.

Ein Sprachprofil sagt immer auch aus, welche sozialen Normen ein Sprecher einhalten möchte, denn diese sind

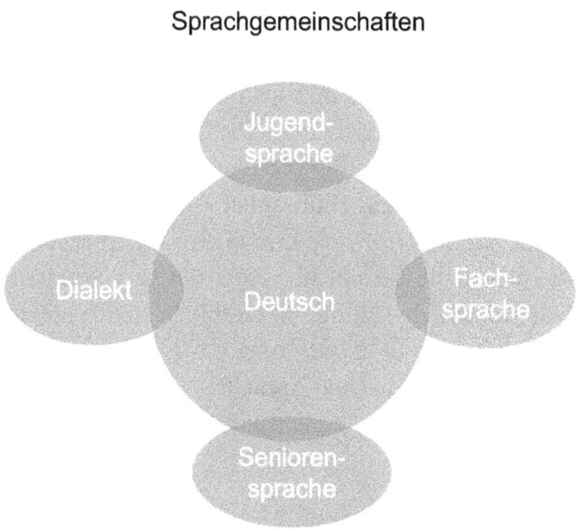

Sprachgemeinschaften

Abb. 6.1 Sprachprofil

mit verschiedenen Stilen verknüpft. Fachsprache beispielsweise steht für Korrektheit und Sachlichkeit, während Dialekt eher mit Lebenslust und Lokalkolorit verwoben ist.

> **Jetzt sind Sie dran!**
> Seien Sie mutig! Nehmen Sie Ihr nächstes Gespräch auf Ihrem Handy auf und gehen Sie alle Analysekategorien ein zweites Mal durch. Unterscheiden sich Ihr schriftlicher und mündlicher Sprachgebrauch stark voneinander?

Ich weiß nicht, was soll es bedeuten
Das volkstümliche Loreleylied von 1823 enthält bereits die Frage „Ich weiß nicht, was soll es bedeuten?". Menschen haben immer schon nach Bedeutung und Sinn gefragt. Ab wann ist man oder frau alt? Was bedeutet cool?

Wenn wir Wörter nutzen, sollten wir deren Bedeutung kennen, um zu gewährleisten, dass diese mit dem, was wir von uns preisgeben möchten, übereinstimmt. Außerdem sollte der Zuhörer diese Bedeutung ebenfalls kennen bzw. eine ausreichende Übereinkunft zwischen Sprechern über die Bedeutung bestehen, damit man sich nicht komplett falsch versteht. Wenn eine ausreichende Übereinkunft nicht gegeben ist, was wir später am Beispiel von *Flirten* sehen werden, kann es zu langen und mühsamen Aushandlungsprozessen kommen, gerade wenn viele Emotionen im Spiel sind.

Das öffentliche Bedeutungspotenzial von Wörtern können wir überall in Online-Wörterbüchern nachlesen (ich empfehle hier den *DUDEN*[2] oder das *DWDS*,[3] das digitale Wörterbuch der deutschen Sprache), doch besonders interessant sind diejenigen Bedeutungen, die unter der Ober-

---
[2] https://www.duden.de (letzter Zugriff: 15.07.2020).
[3] https://www.dwds.de (letzter Zugriff: 15.07.2020).

6 Sprache als Kleidung der Gedanken

fläche liegen oder die für Missverständnisse sorgen. Ich möchte Sie daran erinnern, dass es keine Objektivität gibt, ergo auch nicht bei Wortbedeutungen. Diese sind immer zeit-, kontext- und gruppenabhängig. Das Wort *Schlampe* ist in den meisten Sprachgemeinschaften als Schimpfwort anzusehen, in bestimmten jugendlichen Subkulturen gilt es jedoch als positive Auszeichnung.

Bedeutungen verändern sich allerdings auch relativ zügig. Das Wort *Weib* hatte beispielsweise vor gut 200 Jahren noch eine neutrale Bedeutung, während es inzwischen ein abwertendes, fast vulgäres Schimpfwort ist. Das Wort *geil* wird inzwischen nicht nur für sexuelle Lust, sondern auch für eine sehr positive Bewertung genutzt. Bedeutungen sind also nicht fest an Wörter geheftet, sondern die Sprechenden sind es, die sie täglich nutzen und verändern. Jeden Tag entstehen auch neue Wörter, sogenannte Neologismen. Gerade durch die Digitalisierung gibt es Phänomene, die neu benannt werden mussten (z. B. *googeln, App, Smartphone*).

Wenn wir über Wortbedeutungen reden, geht es meist darum, ob wir etwas positiv oder negativ aufladen – natürlich gibt es auch neutrale Varianten. Vereinfacht könnte man sagen, *Glück* sei ein positiver Begriff, *Auto* ein neutraler und *Hass* ein negativer. In einer Langzeitanalyse haben Forscher um Peter Dodds von der University of Vermont (2015) Texte aus zehn Sprachen untersucht (Englisch, Spanisch, Französisch, Deutsch, Portugiesisch, Koreanisch, Chinesisch, Russisch, Indonesisch und Arabisch). Die Texte stammten aus 24 unterschiedlichen Quellen, beispielsweise aus Büchern, Zeitungen, sozialen Netzwerken, Webseiten sowie aus Film und Fernsehserien. Diese Wörter wurden rund 1900 Muttersprachlern zur Beurteilung vorgelegt. Sie sollten auf einer Skala von eins bis neun den Begriffen einen Grad der Positivität zuordnen. So bekam ein Wort wie *Lachen* beispielsweise durchschnittlich einen Wert von 8.5, neutrale Begriffe wie *Lieferwagen* lagen hingegen bei 5 Punkten und eher negative Begriffe wie *Gier* ernteten besonders wenig Punkte. Die Auswertungen zeigten: Bei allen 24 Quellen von Wörtern und in allen analysierten Sprachen gab es mehr Begriffe, die im positiven Bereich lagen.

> Interessanterweise konnte Paul Tetlock bereits 2007 die Anzahl an „positiven" und „negativen" Wörter in Zeitungsartikeln aus der „Wall Street Journal" analysieren und stellte fest, dass die Anzahl an „negativen" Wörtern mit Aktienpreisen korrelierte (Tetlock 2007), wofür er mit dem Smith-Breeden-Preis ausgezeichnet wurde.

Wenn wir also insgesamt eher positiv besetzte Begriffe in unseren Weltsprachen gebrauchen, warum reden wir dann nicht auch gleich wohlwollend über uns selbst? Fangen wir doch direkt damit an!

Jetzt sind Sie dran!
Na los, schreiben Sie auf, was Sie alles in den letzten Tagen zu Ihrer Zufriedenheit erledigt haben!

> » „Words are, of course, the most powerful drug used by mankind." (Rudyard Kipling 1919).

Drogen machen süchtig. Wir können natürlich nicht die ganze Zeit in Selbstlob verfallen. Das ist nicht glaubhaft und häufig Teil einer narzisstischen Persönlichkeitsstörung, die gerade in Führungsetagen gehäuft anzutreffen ist, was inzwischen einige Studien empirisch belegen konnten.

Ein authentisches sprachliches Selbst zu entwickeln, bedeutet auf jeden Fall beides: Realitätstüchtige Seiten, aber auch vermeintliche Schwächen zeigen. Gerade Frauen konzentrieren sich jedoch vor allem auf letzteres, wenn sie über sich selbst reden, denn sie heben häufiger Probleme oder Misserfolge hervor. Wie oft habe ich schon von Frauen auf die Frage nach der Ursache für ihre Beförderung die Antwort *Glück* erhalten. Eine Portion Glück gehört sicherlich zum Gesamtpaket, aber Eigeninitiative und eine gute Leistung sind natürlich ebenso vorausgegangen, zumindest in den meisten Fällen. Viele Klientinnen reden zudem nicht gern über ihre Erfolge („das wirkt so eingebildet"), bis hin zur eigenen Leistungsabwertung („Ich weiß nicht, ob ich das jetzt richtig gemacht habe. Ich habe folgende Lösung gefunden …").

> **Beispiel**
>
> Vor ein paar Wochen stellte sich in meinem Business-Seminar eine Dame folgendermaßen vor: „Ich heiße X, bin verheiratet, Mutter zweier Kinder und habe eine Ausbildung zur Y gemacht." Sie erläuterte über 2 Minuten ihren Studienverlauf und fügte am Ende hinzu: „Ach ja, und ich bin Geschäftsführerin eines 50-köpfigen Unternehmens."

Wir haben gelernt, dass wir den sprachlichen Scheinwerfer nie auf alles richten können, sondern immer nur bestimmte Aspekte eines Sachverhalts hervorheben können. Warum hat sich diese Dame also gerade so entschieden? Natürlich kommt es auf das Setting an, in dem wir uns befinden, auf den Gesprächspartner, sowie unsere Intention, mit der wir eine Aussage tätigen. Da diese Dame jedoch beruflich unterwegs war und die anderen Teilnehmerinnen nicht kannte, ging ich davon aus, dass sie sich auch in ihrer öffentlichen Rolle präsentieren würde, möglicherweise würde sie interessierte Kolleginnen oder sogar Kundinnen treffen. Tat sie aber nicht. Sie wählte die soziale bzw. private, nicht die öffentliche Rolle. Vielleicht fanden die anderen Frauen das auch sympathisch, da sie Beziehungsinformationen in den Vordergrund stellte. Noch nie habe ich eine solche Art, über sich zu reden, jedoch bei Männern beobachtet.

Damit wir uns hier richtig verstehen: Es geht mir nicht um die Informationen, die insgesamt gegeben wurden, sondern vor allem um die Informationshierarchie. Den Aspekt, den wir zuerst in einer Informationsreihe hören, halten wir zumeist für den wichtigsten, gerade, wenn es um berufliche Personenvorstellungen geht. Da es im beschriebenen Fall um eine Vorstellungsrunde ging, ist die Hierarchie der Informationen eigentlich auch klar: Erst die berufliche, dann die private Rolle. Auch den anderen Teilnehmerinnen war diese kommunikative Präsentation aufgefallen. Nach dem Seminar hatte ich die Möglichkeit, die Geschäftsführerin noch einmal auf ihre Aussage anzusprechen. Sie erzählte daraufhin, dass sie manchmal auf dem Spielplatz bei Nachfragen von anderen Müttern nur antwortete, sie sei im Management, weil es ihr unangenehm sei, darüber zu sprechen. Auf mein Nachfragen erklärte sie, sie wolle keine Neidgefühle schüren. Gleichzeitig beschwerte sie sich aber darüber, dass ihre Mitarbeitenden sie manchmal nicht ernst nehmen würden. Wenn diese Dame aber nicht einmal positiv über sich redete und ihre Position honorierte, wer sollte es dann sonst für sie tun? Im Gespräch wurde ihr dieser Zusammenhang schließlich klarer.

Wir sind zum großen Teil selbst dafür verantwortlich, wie man uns wahrnimmt, anspricht und behandelt! Wer dieses Prinzip einmal verinnerlicht hat, ist schon ein großes Stück weiter. Männer haben durch ihre Sozialisation ein intuitives Gespür für hierarchische Ordnung. Bei ihnen wird zuerst geklärt, wer welche Position bei wem hat, alle anderen

Informationen werden dieser untergeordnet. Ihre Kommunikation verläuft daher meist hierarchisch-vertikal, bei Frauengruppen nach der Ordnung kooperativ-horizontal. Sie versuchen Beziehungsgeflechte untereinander herzustellen, gehen daher auch häufiger auf Gesprächsbeiträge ihrer Vorrednerinnen ein. Hierarchie bzw. Status erscheint ihnen weniger wichtig als die Beziehung.

Jedes *wie geht's* ist aber eigentlich eine Trainings-Einladung, denn Sie können sich positiv positionieren und kommunizieren, was Sie gerade in Ihrem Leben bewerkstelligen. Reden Sie von Ihren Erfolgen und Plänen, im Lift, im Flur, in der Kaffeeküche, bei Bekannten oder der Familie. Die Welt darf ruhig wissen, dass Sie genial sind!

Damit Sie in Zukunft genau wissen, wie Sie wertvoll über sich sprechen können, zeige ich Ihnen im nächsten Kapitel das von mir entworfene Konzept der Marke w, mit dem Sie Ihre eigenen Lieblingswörter strukturiert anreichern können.

Literatur

Dodds et al. (2015): Human language reveals a universal positivity bias. In: Proceedings of the National Academy of Sciences 112(8), S. 2389–2394.

Kipling, Rudyard. (1919): Rudyard Kipling's Verse: Inclusive Edition 1885–1918. London: Hodder and Stoughton.

Tetlock, Paul C. (2007). Giving Content to Investor Sentiment: The Role of Media in the Stock Market. Journal of Finance 62, S. 1139–1168.

7

Marke w – weiblich wertvoll

> »„Bescheidenheit ist eine Zier, doch weiter kommt frau ohne ihr" (frei nach Wilhelm Busch). Auf die Idee, die Marke w einzuführen, kam ich durch das Buch „Die stärkste Marke sind Sie selbst" von Jon Christoph Berndt (2009). Herr Berndt hat seine Strategie so konsequent umgesetzt, dass er sogar seinen eigenen Nachnamen als Marke eintragen ließ (das können Sie übrigens auch, online ab ca. 150 Euro).

Berndts Modell ist simpel, lehnt es sich doch an das klassische Markendreieck an und überträgt charakteristische Merkmale auf die Persönlichkeit. Marken besitzen das Ziel, Identität zu stiften, sich aus der Masse abzuheben und sich von der Konkurrenz zu differenzieren. Eine Positionierung als eigenständige Marke mit Codes, Wertesystem und Verhaltensweisen wird angestrebt.

Aus einer ethischen Sichtweise könnte man natürlich einwenden, dass Marken keine Menschen sind, sondern strategisch designte Konstrukte. Pragmatisch gesehen, orchestriert die Marke jedoch alle wichtigen Informationen, die es für eine gelungene Selbstpräsentation braucht.

Wie sieht nun die Marke w genau aus? Sie erkennen in Abb. 7.1, dass es darum geht, sich über die drei Eckspitzen des Markendreiecks Gedanken zu machen. Es geht um Ihre fachlichen Kompetenzen, Persönlichkeitsmerkmale und Ihren Gesellschaftsbeitrag. Die Tatsache, dass Sie diese drei Punkte allein schon reflektieren, bringt Sie ein gutes Stück in Ihrem Selbstmarketing weiter.

Entweder nutzen Sie nun die Grafik oder Sie malen das Dreieck in Ihr eigenes Notizbuch ab. Es hat sich als hilfreich herausgestellt, Klienten mit einem Set an Basiseigenschaften und Kompetenzen zu versorgen, aus denen sie Ideen generieren können (siehe Tab. 7.1). Sie sind aber natürlich herzlich dazu eingeladen, Ihrer Fantasie freien Lauf zu lassen.

Falls Ihnen nichts einfällt, können Sie auch gern Vertraute um Rat fragen. Es ist immer spannend, zu erfahren,

Abb. 7.1 Marke w

Tab. 7.1 Übersicht Kompetenzen

Fachkompetenz	Sozialkompetenz	Methodenkompetenz
Allgemeines-, betriebswirtschaftliches und Fachwissen	Teamfähigkeit	Analytisches Denken
Organisatorische Fähigkeiten	Kommunikationsfähigkeit	Konzeptionelle Fähigkeiten
EDV-Wissen	Konfliktmanagement	Zusammenhänge und Wechselwirkungen erkennen
Sprachkenntnisse	Einfühlungsvermögen	Trendbewusstsein

wie andere uns wahrnehmen. Wenn Sie bereits erfahren in der Persönlichkeitsentwicklung sind, können Sie auch einen Vertrauten Ihrer Wahl einmal pro Jahr zum Markencheck einladen und besprechen, ob das Dreieck in der aktuellen Form noch Ihrem Status Quo entspricht. Ich führe dies ebenfalls für meine Klienten durch.

Für welche Wörter haben Sie sich entschieden? Die weiter oben beschriebene Studie belegt, dass „männliche" Wörter wie *analytisch, impulsiv* oder *mutig* weibliche Teilnehmerinnen eher abschreckten. Frauen nutzten dagegen Wörter wie *engagiert, gewissenhaft* oder *kooperativ* für ihre Marke. Wollten Männer hingegen „weibliche" Wörter für sich definieren, mussten sie sich häufig rechtfertigen, gegen Vorurteile kämpfen, v. a. wenn sie öffentlich Sensibilität eingestehen wollten. Diese Vorbehalte sind auf jeden Fall nicht konstruktiv, denn ein flexibles Set aus „männlichen" und „weiblichen" Wörtern wäre für uns alle ideal.

Im nächsten Schritt können Sie Ihre Kompetenzen ergänzen. Sie können entwerder Ihr Gedächtnis, Ihren CV oder Einträge aus Tab. 7.1 übernehmen. Auch hier sind Sie frei, weitere Wörter hinzuzufügen.

Der schwerste Schritt ist für meine Klienten immer der Gesellschaftsbeitrag, da dies eine sehr abstrakte Kategorie ist. StartUps und Arbeitswelt-4.0-Bekennende betonen gerade die Relevanz des Gesellschaftsbeitrags als *The Reason why*, der uns antreibt. Wenn Ihr Gesellschaftsbeitrag beispielsweise „Wissen vermitteln" heißt, ist es nur logisch, dass Sie möglicherweise kommunikativ sind (Persönlichkeitsmerkmal) und eine journalistische Ausbildung angestrebt haben (fachliche Kompetenzen). Die anderen Spitzen im Dreieck werden also durch ihn determiniert. Vielleicht wollen Sie auch anderen Menschen helfen, diese verbinden, verstehen, für Ordnung sorgen, für Sicherheit, für Sauberkeit, für Gesundheit etc. Wenn Sie nicht gleich einen Geistesblitz haben, kann es auch notwendig sein, einige Tage darüber nachzudenken und sich zu fragen, was sich wie ein roter Faden durch das eigene Leben gezogen hat.

Nun aber erst einmal Glückwunsch zu Ihrer Marke w! Sie haben damit einen weiteren Schritt auf Ihrem Weg gemacht, hin zu dem Selbst, das Sie werden möchten. Die Marke w ist auch durchaus praktisch. Eine Teilnehmerin nutzte sie sogar als Anhang in einer Bewerbung – es hat auf jeden Fall nicht geschadet, denn sie bekam die Stelle!

Wortarbeit & Sätze machen

Durch die Arbeit an der Marke w haben Sie einiges an Wortmaterial gesammelt, das Sie nun produktiv nutzen sollten, denn in Wörtern speichern wir unser Weltwissen ab. Wenn sie diese per Hand aufschreiben, ist das noch effektiver: Schreiben wird sinnlich erfahrbar, anders als auf Tastatur oder Smartphone. Beim Schreiben mit der Hand werden Inhalte in den unterschiedlichen Gehirnarealen abgespeichert und die Arbeit beider Gehirnhemisphären verbunden. Erst die Kooperation der linken Gehirnhälfte (logisches, rationales, lineares Denken) mit der rechten (bildhaftes, ganzheitliches Denken) erschließt neue Denkmuster und Lösungsansätze.

Wenn Sie nun Ihr Basisset an Wörtern in der Marke w definiert haben, sollten Sie dies auch beim Sprechen über sich verwenden, um sich authentisch positionieren zu können. Deswegen ist es ratsam, aus dem ganzen Wortsalat nur die drei wichtigsten Items pro Dreiecksspitze auszuwählen und zu einer individuellen Vorstellung (Pitch) zusammenzustellen. Mehr können Sie sich in mündlichen Gesprächen meist sowieso nicht merken oder die anderen schalten bei Ihrer langatmigen Vita ab und hoffen auf die Kaffeepause. Meine Vorstellung anhand der Marke w sieht beispielsweise so aus:

Beispiel
Mein Name ist Simone Burel und ich habe es mir zur Aufgabe gemacht, mein Wissen an andere weiterzugeben, um ihnen die Macht der Sprache zwischen den Zeilen zu zeigen. (Gesellschaftsbeitrag)
Dass ich als Mensch sehr kommunikativ, analytisch und ehrgeizig bin, unterstützt mich dabei ideal. (3 Persönlichkeitsmerkmale)
So habe ich mir über die Jahre einen großen Schatz an Fach- und Erfahrungswissen im Bereich der Unternehmenskommunikation sowie Gender – Kommunikation erarbeitet, den ich in meiner Promotion, in diversen Unternehmen und inzwischen in meiner Beratungspraxis einsetzen kann. Ich erkenne schnell kommunikative Wechselwirkungen in Gesprächen oder Texten, die ich durch mein analytisches Denken auf jeder Ebene untersuche. (fachliche Kompetenzen)

Grundsätzlich gilt es, diese Items im Gespräch wieder aufzunehmen (z. B. *analytisches Denken, Sprache* in meinem Fall). Dies geht auch direkt am Anfang einer Antwort, die Sie auf eine Frage geben:

Als Sprachexpertin weiß ich …
Als Linguistin sehe ich das so, …

Wenn Sie sich positionieren, bringen Sie sich, also Ihre Bedürfnisse, Ansichten und Ihr Wissen, aktiv in Ihr Leben ein. Diese Inanspruchnahme der persönlichen Bewandtnis gilt nicht nur beruflich, genauso können Sie *als Mutter, als Partnerin, als Tochter, als Freundin, als Ortsvorsteherin* oder *als Trainerin* für sich sprechen. Wenn Sie das tun, sollten Sie immer bei sich bleiben. *Ich* drückt als Personalpronomen Bewusstsein für sich und Wertschätzung der eigenen Wahrheit aus – zudem bietet es anderen in Konflikten die geringste Angriffsfläche. *Ich möchte, dass unsere Gruppe einmal im Monat tagt* sagt etwas anderes aus als *einmal im Monat tagen wäre schön.*

Die bestärkende Kraft der *Ich*-Sätze, die uns in die Selbstverantwortung bringt, nutzt auch die Autosuggestion in verschiedenen Techniken, u. a. mit affirmativen Sätzen wie *Ich bin wertvoll, Ich bin stark.* Diese Art der Selbstbeeinflussung ist der Prozess, durch den wir unser Unterbewusstsein trainieren können, an etwas zu glauben. Der Erfolg der Autosuggestion wird umso wahrscheinlicher, je konsistenter und länger (bzw. öfter) sie angewendet wird. Dass Autosuggestion tatsächlich zu mehr körperlicher und seelischer Gesundheit führt, zeigen zahlreiche Studien aus dem Bereich autogenes Training und positiver Psychologie. Es kann bis zu dem Punkt kommen, dass wir positive „Selbstgespräche" für uns erarbeiten, welche uns motivieren, das Vertrauen in die eigene Leistungsfähigkeit stärken, die Aufmerksamkeit auf das momentane Handeln und die Zielerreichung zu lenken.

Robbie Williams hat ein schönes Lied hierzu produziert (I love my Life), in dem er singt: *I am powerful, I am beautiful, I am free …*

Jetzt sind Sie dran!

Stellen Sie sich nun vor den Spiegel und sagen Sie sich Ihre Ich-Sätze aus dem Pitch.

Wortarbeit ist Denkarbeit

„Kein Mensch muss müssen", lässt G. E. Lessing eine seiner Figuren in *Nathan, der Weise* sagen (2000). Sie haben immer die Wahl, welches Wort Sie wählen bzw. nicht wählen, behaupte ich. Negativ besetzte Wörter wie *müssen, Problem, schwierig* können bereits durch einfache sprachliche Transformationen, die sie durch andere Wörter ersetzen, für ein anderes Denken sorgen. *Müssen* wird zu *dürfen*, *Problem* zu *Sache*, *schwierig* zu *herausfordernd*.

Sie *müssen* nicht an einem Meeting teilnehmen, Sie *dürfen* daran teilnehmen. Niemand kann Sie dazu zwingen oder Ihre Anwesenheit einklagen. Über diese Angelegenheit gerate ich häufig mit anderen in Diskussionen. Man kann dieses Spiel nämlich weiter treiben und letztlich auch staatlich verordnete Dinge wie Pflicht zur Steuerzahlung, Pflicht zur Krankenversicherung oder Schulpflicht hinterfragen. Was *müssen* wir wirklich? Es mag vielleicht radikal klingen, aber wenn man es sprachphilosophisch genau betrachtet, *müssen* wir in unserem Leben – entgegen unserer täglichen Behauptungen – rein gar nichts, außer sterben. Das ist der einzige Zwang unserer menschlichen Existenz.

Für alles andere, was wir tun, sagen oder unterlassen, sind wir selbst verantwortlich bzw. wir haben es selbst für uns ausgewählt. Wenn wir keine Krankenversicherungsbeiträge zahlen möchten, können wir uns entscheiden, in ein anderes Land auszuwandern. Wenn wir das nicht wollen, können wir es auch weiterhin unterbleiben lassen, Abgaben zu zahlen, müssen aber, da wir uns auf ein bestimmtes Gesellschaftssystem eingelassen haben, mit den Konsequenzen leben. Das kann entweder eine Geldbuße, ein sozialer Ausschluss oder ein verweigerter Zugang zu Leistungen oder gesellschaftlicher Anerkennung sein. Da wir diese Folgen wahrscheinlich vermeiden wollen, haben wir uns freiwillig dazu entschlossen, Abgaben zu leisten. Mit dem Wort *müssen* vernebeln wir uns aber unsere eigene Entscheidungshoheit, die wir für uns selbst ausgeübt haben und machen uns unmündiger als wir sind. Wir verkennen unseren Gestaltungsspielraum, den wir für unser Leben haben, unsere Entscheidungen jederzeit widerrufen zu können, wenn wir bereit sind, die Konsequenzen für unser Handeln zu tragen.

Diese Implikation wird Ihnen klarer, wenn Sie aufrichtig zu sich selbst sind und das Wort *müssen* in *dürfen* transformieren. Wenn Sie in das Meeting *dürfen*, hat dies auch eine andere gedankliche Auswirkung, denn sie erkennen an, dass Sie sich für diese Zeiteinheit Ihres Lebens dazu freiwillig entschieden haben. Wenn Sie keine Zeit oder Lust dazu haben und nicht teilnehmen, haben Sie sich auch bewusst dazu entschieden, müssen aber mit den Konsequenzen leben, etwa Informationsknappheit oder Ausschluss aus einem Projekt.

Allein durch die simple Transformation des Modalverbs *müssen* in *dürfen* fühlen wir uns allerdings wesentlich freier in unserer Lebensführung und können unsere Handlungen als von uns freiwillig gewählte Taten ansehen, deren Steuerung wir selbst übernehmen und für deren Folgen wir auch selbst verantwortlich sind. Auch wenn es mir nicht permanent gelingt, versuche ich konsequent das Wort *müssen* aus meinem Wortschatz zu streichen und es durch *dürfen* oder *möchten* zu ersetzen.

Manchmal gibt es aber auch unliebsame Tätigkeiten, bei denen es nicht reicht, diese sprachlich zu transformieren, denn es geht um tiefer sitzende Denkmuster. *Wir müssen, wir sollen, wir können nicht, wir dürfen nicht.* Sie tauchen auch in verkleideter Form auf: *Es geht halt nicht anders, es war schon immer so* etc. Wir mögen diese Tätigkeiten oder Dinge überhaupt nicht, können sie aber aus irgendeinem Grund nicht unterlassen. Wie paradox!

> **Jetzt sind Sie dran!**
> Wie sieht es bei Ihnen aus? Was müssen Sie alles?
> Denken Sie an eine Sache in Ihrem Leben, die Sie äußerst ungern tun, aber nicht von ihr loskommen.

Eine Klientin berichtete mir, dass sie immer wieder auf Netzwerktreffen ging, obwohl sie überhaupt keine Lust dazu hatte. Irgendetwas zwang sie innerlich, dort wiederholt hinzugehen, auch wenn sie sich am Tag zuvor dagegen entschieden hatte. In der Beratung stellte sie sich dann folgende Frage: „Wenn ich das so ungern tue, warum tue ich es überhaupt?" Menschen tun naturgemäß nämlich nur Dinge, welche im Dienst eines Bedürfnisses stehen, das die höchste Priorität in ihrem Bewusstsein hat.

Der Ökonom Manfred Max-Neef (1991), der sich im World Future Council für die Rechte künftiger Generationen einsetzt, geht davon aus, dass die menschlichen Grundbedürfnisse begrenzt (stillbar), zahlenmäßig gering und universell sind (unabhängig von Person, Ort, Kultur, historischer Epoche).

> **Bedürfnisse können folgende sein**
> Macht, Anerkennung, Zugehörigkeit, Verständnis, Schutz, Freiheit, Muße, Korrektheit, Gerechtigkeit, Freundlichkeit, Menschlichkeit, Authentizität, Kreativität

Als ich meiner Klientin diese Liste vorlegte, musste sie zugeben, dass sie die Netzwerkbesuche nur deshalb weiterführte, weil sie Angst vor einem negativen Image hatte, was sie befürchtete, wenn sie sich nicht regelmäßig bei den anderen Mitgliedern zeigte. Es ging ihr also um Anerkennung. Diese wollte sie nicht weiter hinterfragen, was ich akzeptierte, aber wir entwickelten einen produktiveren Umgang mit ihrem Bedürfnis, der mehr Selbstverantwortung in das Leben der Klientin brachte. Sie hatte die Aufgabe, sich ab mittwochs (da begann ihre große Unlust immer) ins Gedächtnis zu rufen, dass sie sich freiwillig dazu entschieden hatte, weil ihr die Anerkennung wichtig war. Sprachlich gesehen, sieht dieses Muster folgendermaßen aus:

> Ich entscheide mich … [+ Tätigkeit],
> weil mir wichtig ist, … [+ Bedürfnis]

Wenn Sie also das nächste Mal glauben, etwas zu müssen, hinterfragen Sie sich lieber noch einmal kritisch.

Generell sollten Sie sich, wenn Sie dazu neigen, besonders negativ besetztes Vokabular zu nutzen, fragen, ob Sie nicht auch eine andere Perspektive einnehmen könnten. Ein guter Bekannter von mir sprach häufig von „Problemen". Ihm war das gar nicht besonders aufgefallen, bis ich ihn darauf ansprach. Zusammen recherchierten wir im Wortportal Woxikon, auf dem Sie eine Menge von Synonymen finden können. Ich ermutigte ihn, ein wenig mehr sprachliche Kreativität walten zu lassen und *Problem* durch *Herausforderung, Aufgabe, Angelegenheit, Auftrag, Punkt, Frage* oder *Ding* zu ersetzen. Es dauerte einige Wochen, bis wir uns wiedersahen, aber er berichtete mir bei unserem nächsten Treffen, was ich insgeheim gehofft hatte. Durch die Ersetzung des Wortes hatte er automatisch eine andere Denkrichtung eingeschlagen und die negativen Mitbedeutungen, die *Problem* anhaften, umgangen. Er berichtete, dass er sich optimistischer fühlte, wenn er nun Arbeitsprozesse in die Hand nahm und dass er viel weniger Auseinandersetzungen mit Kollegen hatte. Früher hatte er das Gefühl gehabt, die Kollegen hätten ihn eher gemieden, jetzt war er schon das zweite Mal zum Kaffee eingeladen worden. Er hatte nämlich noch eine zweite sprachliche Operation durchgeführt, wie er mir beichtete. Er hatte versucht, Verneinungen mit *nicht, kein/e* und Begriffe mit der Vorsilbe *un-* zu vermeiden (*unfair, unverschämt*). Der Trick dahinter ist, dass unser Gehirn Negationen nicht verarbeiten kann. Selbst wenn Sie sagen *Das ist kein Problem*, registriert Ihr Gehirn nur *Problem* – sie bleiben folglich auf der Negativität sitzen. Daher können Sie diese auch gleich aussparen.

> **Jetzt sind Sie dran!**
> Wie sieht es bei Ihnen aus? Was sind Ihre Un-Wörter?

Nachdem wir uns nun ausführlich mit unserer Wortebene beschäftigt haben, gehen wir im nächsten Kapitel einen Schritt weiter – auf die Themenebene.

Literatur

Berndt, Jon C. (2009): Die stärkste Marke sind Sie selbst! Schärfen Sie ihr Profil mit Human Branding. München: Kösel.

Lessing, Gotthold Ephraim (2000 [1779]): Nathan der Weise. Ein dramatisches Gedicht in fünf Aufzügen. Stuttgart: Reclam.

Max-Neef, Manfred (1991): Human Scale Development – Conception, Application And Future Reflections. New York und London: The Apex Press.

8

Gute und böse Themen

》Über was rede ich mit einem Menschen? Grundsätzlich hängt das von diversen Faktoren ab: Was ist mein Kommunikationsziel, wie gut kenne ich die Person, wie weit möchte ich mich öffnen, wie ist meine momentane Gesprächssituation (Raum und Kontext), auf was habe ich gerade Lust?

Theoretisch können Sie reden, über was Sie möchten. Von der Regel, nicht über Politik oder Religion zu sprechen, halte ich herzlich wenig. Warum sollte man nicht über die Fragen, die die Menschheit dazu bringt, so unbarmherzig mit sich und anderen umzugehen, reden dürfen?

Manche Menschen wollen jedoch gar nicht so weit gehen. Ihnen genügt ein Plausch über Urlaub, Kinder und das nächste anstehende Wochenende (mehr dazu auf meinem *Blog-Beitrag*[1] bei Edition F: „Ich möchte nicht von Urlaub zu Urlaub leben"). Darin schreibe ich über meine Erfahrung mit dem Experiment *Leben*. Ich möchte meine Lesenden und mich dazu ermutigen außerhalb der für uns vorgefertigten Gedankenrouten zu denken und das zu tun, was wir wirklich wollen. Nicht das, was die Gesellschaft uns als *richtig* oder *normal* diktiert. Die Binarität aufbrechen und Multivariäteten entdecken! Es ist jedoch auch völlig in Ordnung, einen kleinen Plausch hier und da zu haben. Selbst Smalltalk hat eine wichtige soziale Funktion. Bei unbekannten Personen oder schwierigen Themen dient er der Annäherung und der Kartierung des Mindsets der anderen Person. Ist sie eher eine risikofreudige oder ängstliche Person? Geht er in Nähe oder in Distanz zu mir? Spricht sie nur über sich oder fragt sie auch mich? Welche Art zu sprechen hat er? Diese wenigen Indizien können uns ein ungefähres Bild liefern, wie die Person zu sein scheint; natürlich stimmt dies nie ganz mit der Realität überein, aber es gibt uns eine Richtung vor, die wir mit unserer Themenwahl einschlagen können.

> **Beispiel**
>
> Einmal war ich zu einem Kundentermin mit einem ranghohen Politiker unterwegs und hatte bereits über ihn und seine Vita recherchiert, um ihn besser einschätzen zu können. Angekommen an dem Café, in dem wir uns trafen, sah ich ihn schon durch die Scheibe wild auf seinem Handy rumtippen. Das kann ja was werden, dachte ich, und hatte Lust, einfach wieder zu gehen. Als ich an seinen Tisch trat, sah ich jedoch, was auf seinem Hintergrundbild hervorlugte: ein

---

[1] https://editionf.com/Ich-will-nicht-von-Urlaub-zu-Urlaub-leben/ (letzter Zugriff: 15.07.2020).

> stattlicher Siamkater. Als Katzenfreundin war ich sofort Feuer und Flamme, sodass wir uns die kommenden 30 Minuten über seine und meine Katze unterhielten, Insider-Stories, die nur Katzenliebhaber verstehen, und Fotos austauschten. Der eigentliche Termin dauerte dann nur noch wenige Minuten, in denen wir alles zu meiner Zufriedenheit erledigten. Manchmal bedarf es auch gar nicht mehr, wenn bereits über die emotionale Ebene eine eindeutige Klärung stattgefunden hat. Es ist also niemals verkehrt, sich vorab über die Hobbies, den Familienstand oder die Interessen des Gesprächspartners zu informieren, um Gemeinsamkeiten strategisch für sich nutzbar zu machen. Geübte Verhandlerinnen arbeiten genau nach diesem Prinzip. Ein Wirtschaftsprüfer erzählte mir einmal, dass er nach jedem Gespräch mit seinen Kunden sein schwarzes Buch herausnahm und private Informationen notierte, die er von seinem Gegenüber erhalten hatte. So konnte er beim nächsten Treffen damit glänzen, dass er noch wusste, dass die Schwiegermutter gestürzt war oder der Hund die Hundepension gar nicht mochte.

Darüber hinaus dient die Themenklärung natürlich auch dazu, sich als interessanten Gesprächspartner zu positionieren und eigene Themen zu streuen, die für andere spannend sein könnten. Wenn ich in einer Runde erzähle, dass ich früher drei Jahre in einer Frauenfußballmannschaft und zwei Jahre Eishockey gespielt habe, kann ich sicher sein, dass ich die Aufmerksamkeit der gesamten (Männer-) Runde habe. Gerade wenn Sie außergewöhnliche Geschichten zu erzählen haben, hören Ihnen die Leute zu. Wenn nicht: Dann erleben Sie welche! Eine gute Idee ist es auch, sich eine Erfolgsliste anzulegen, damit Sie auch wissen, was Sie bereits in Ihrem Leben vollbracht haben, welche Länder Sie bereist haben, mit wem Sie gesprochen haben, was Ihre besten Lebensmomente waren etc. Wenn es sich nur um den beruflichen Bereich handelt, können Sie hierfür wiederum Ihren CV nutzen. Sie sollten immer klar vor Augen haben, was Ihnen in Ihrem Leben bereits gelungen ist und wofür Sie dankbar sein können, gerade wenn Sie in schlechteren Zeiten den Überblick verlieren. Wenn Sie nun eine kleine Denkanregung brauchen, können Sie sich über folgende Fragen Gedanken machen:

> - In welchen Momenten haben Sie Ihre Grenzen über wunden?
> - In welchen Augenblicken waren Sie besonders stolz auf sich?
> - Was haben Sie in Ihrer Kindheit unheimlich gern getan?
> - Was wurde Ihnen im Leben geschenkt?
> - Welche Prüfungen haben Sie schon erfolgreich bestanden?
> - Wofür wurden Sie in Ihrem Leben von anderen gelobt?
> - Wobei entwickeln Sie besondere Leidenschaft und vergessen alles um sich?
> - Was ist aus Ihrem Leben noch wichtig und erwähnenswert, was noch nicht zur Sprache kam?

> **Jetzt sind Sie dran!**
> Nehmen Sie sich ein Blatt Papier und notieren Sie Ihre Antworten! Wenn Sie lieber digital unterwegs sind, gibt es diverse Apps (z. B. Gratitude Journals), mit denen Sie sich täglich mobil notieren können, wofür Sie dankbar sind.

Wenn wir miteinander sprechen, treten leider auch unangenehme Themen auf, bis hin zu solchen, die konsequent ausgespart werden. Gerade diejenigen sind es aber häufig, an die Sie rankommen sollten, wenn Sie weg von oberflächlichen Schwarz-Weiß-Malereien wollen und Ihren Gesprächspartner wirklich kennen lernen möchten. Die Transparenz beginnt jedoch bei Ihnen! Wer auf Fragen gern mit *das geht nicht, das kann ich nicht* oder *das ist halt so* antwortet, ist in den meisten Fällen nicht ganz ehrlich zu sich selbst und damit auch zu anderen. Er verdeckt ein noch nicht bearbeitetes Thema in seinem Leben.

Beispiel

Eine Klientin hatte zum Beispiel diverse Gründe gefunden, warum sie die neue Leitungsfunktion, die ihr angeboten wurde, nicht übernehmen konnte. *Das ginge doch auf gar keinen Fall! Sie sei doch nur noch drei Jahre im Beruf, sie wäre dafür überhaupt nicht geeignet.* Niemand stellte über Wochen die entscheidende Frage: *Willst du das denn überhaupt?* Wäre diese Frage aufgekommen, hätte sie sich nämlich damit auseinandersetzen müssen, dass sie gar keine Führungsverantwortung wollte – aus Gründen, die sie bislang nicht öffentlich dargelegt hatte. Sie reagierte auch anfangs bei mir gereizt, wenn ich versuchte, an der Oberfläche zu kratzen. In unseren Gesprächen kam über die Zeit heraus, dass sie bereits mehrere Aufstiegsmöglichkeiten in ihrem Leben abgelehnt hatte. Einmal hätte sie das Büro wechseln müssen, aber die Kollegen waren doch so nett, ein anderes Mal den Fachbereich, aber der alte war doch so gut gelegen. Sie fand unzählige Ausreden, um nicht an des Pudels Kern zu müssen, erschuf Rationalisierungen für sich selbst und ihr Umfeld. Dass sie auch diesmal die Aufgabe nicht annahm, wäre nun nicht weiter schlimm gewesen. Auch in der Vergangenheit hatte es keine größeren Probleme verursacht, da ihr System nicht gestört wurde. Seitdem jedoch die neue Chefin am Werk war, die nebenbei wesentlich jünger, blonder und attraktiver als sie selbst war, beschwerte sie sich permanent öffentlich über deren Inkompetenz. Hierdurch verursachte die Klientin Unmut in der gesamten Abteilung, erschwerte sich selbst das Verhältnis zur neuen Chefin, sodass diverse Abläufe darunter litten, Informationen nicht richtig ausgetauscht wurden und die Abteilung begann, Schaden zu nehmen.

Der Abteilung zu schaden, war überhaupt nicht im Interesse meiner Klientin und so war sie, als sie dies realisiert hatte, endlich bereit, die Situation sprachlich aufzuarbeiten, sodass sie sich erstmals ihre verdrängten Gedanken eingestand und zugab, dass sie nie eine Führungsposition haben wollte, weil ihr das „Hierarchiegerangel" viel zu anstrengend sei. Dass sie in ihrer Kompetenz dennoch ihrer jetzigen Chefin überlegen war, sorgte bei ihr für Wut gegen sich selbst, weil sie sich nicht in die Führungsposition getraut hatte. Diese Wut richtete sie aber der Einfachheit halber als Neid und Missgunst nach außen. Als sie sich dieser Mecha-

> nismen bewusst wurde, konnten wir das Thema endlich transparent angehen. Die Klientin arrangierte ein klärendes Gespräch, in dem die sie zwar die Führungsrolle der Chefin offiziell anerkannte, sie aber gleichzeitig von dieser als ältere Mentorin ernannt wurde, die sie in Fachfragen beraten durfte, da auch die Chefin ihre enorme fachliche Kompetenz schätzte.

Solche Situationen, nicht nur im beruflichen Bereich, in denen verdrängte Gefühle wie Angst, Wut oder Neid Beziehungen blockieren, finden sich leider zur Genüge in unserer Welt. Bleiben wir an dieser Emotions- und damit verbunden Sprachgrenze stehen, können wir unsere Lebensthemen nicht weiterentwickeln. Möglicherweise geht uns dann auch der Gesprächsstoff aus.

Ich zeige Ihnen nun, wie Sprache dazu beitragen kann, diese Grenzen sichtlich auszudehnen.

Tabuthemen aufbrechen – Wie viel verdienen Sie eigentlich?

Warum wird ein Thema zum Tabuthema? Ich finde, das ist eine berechtigte Frage. Meist geht es dabei um etwas, das mit unausgesprochenen oder unverarbeiteten Emotionen zu tun hat, etwas, das wir am besten verdrängen. In Deutschland wird immer eine riesige Geheimniskrämerei um das Thema Gehalt gemacht, da wir gelernt haben, Geld mit Status und Wertschätzung zu verbinden. Ich behaupte: Geld ist nichts Unmoralisches. Sie tauschen Ihre Lebenszeit, Ihr Erfahrungs- und Fachwissen gegen eine Ressource namens „Euro", die leider viel zu sehr mit Status- und Ideologieansprüchen aufgeladen ist und der wir alle, auch ich, huldigen.

Themen, über die wir als Gesellschaft inoffiziell ein Redeverbot vereinbart haben, stehen häufig mit dem Schutz von privilegierten Gruppen in Verbindung. So ist dies auch bei den bereits angesprochenen Themen Politik und Religion der Fall. Informationsarmut ist ein klassisches Mittel von Herrschaftsausübung einer Gruppe über eine andere. Ein aktuelles Beispiel hierzu ist die politische Debatte zur Offenlegung der Gehälter in Unternehmen, um den *Gender Pay Gap* anzugehen. Viele männliche, aber auch weibliche Mitarbeiter wehrten sich gegen diese Transparenzforderung. Männer verdienen immer noch deutlich mehr als Frauen und werden mit höherer Wahrscheinlichkeit befördert, auch dann, wenn entscheidende Faktoren wie Erfahrung und Qualifikation vergleichbar sind.

Wüssten wir, was alle anderen verdienten, könnte dies dazu führen, dass wir unser eigenes Gehalt infrage stellten oder versuchten, ein vergleichbares Gehalt anzustreben. Manche Menschen würden eventuell versuchen, das höhere Gehalt der anderen, etwa aus persönlichen Minderwertigkeitsgefühlen oder auch Gerechtigkeitsempfinden heraus, zu begrenzen. Dies würde wiederum dazu führen, dass einzelne Eliten ihre Position, in diesem Fall, ihr absurd hohes Gehalt, nicht halten könnten. Denken Sie beispielsweise an Vorstände, CEOs oder Fußballspieler, die entsprechend überbezahlt werden, während andere Menschen am Existenzminimum leben – wir sprechen hierbei nur von Deutschland. Betrachten wir es global, müssen wir feststellen, dass sich unsere Gehälter im Westen nur dadurch halten lassen, dass Menschen in Afrika oder Asien ausgebeutet werden. Unsere Konsumkultur lässt sie in Armut leben. Vielleicht behalten Sie in Zukunft Ihr Handy oder Ihren Laptop ein paar Jahre länger. Das ist nochmals ein eigenes trauriges Thema.

Tabuthemen sind meist mit negativen Glaubenssätzen belegt, die sich kulturell eingeprägt haben, um das Redeverbot aufrecht zu erhalten: *Über Geld spricht man nicht*, habe ich schon unzählige Male gehört, nicht nur damals von meinen Eltern, sondern ebenfalls von Freunden und

Kollegen. Auch Arbeitgeber verankern Verschwiegenheitserklärungen in ihren Arbeitsverträgen, um ihre Machtstellung zu sichern. Glücklicherweise zieht mit dem Gesetz zur Offenlegung der Gehälter mehr Transparenz in dieses Thema ein, doch ein weiter Weg ist noch zu gehen, gerade wenn es um damit verbundene Emotionen und scheinbare Moralvorstellungen geht. Wenn Sie die oben aufgestellte These mit dem Ressourcenaustausch (Geld gegen Lebenszeit + Wissen) nämlich wirklich ernst nehmen und sich frei von Ihren moralischen Ketten machen, sind es nur Zahlen, die Sie gegeneinander aufwiegen: Zeit gegen Geld. Sie berichten doch sicherlich auch den meisten, wie viele Stunden Sie in der Woche arbeiten, oder? Warum ist es dann so schwer, die Summe auf dem Konto auszusprechen? In Folge versuchen wir, dieses Tabu ein wenig aufzubrechen und uns mit Ihrem Gehalt zu beschäftigen.

> **Jetzt sind Sie dran!**
> Was sind Ihre persönlichen Tabuthemen?

Die große Geldlüge

》Herr Müller und Frau Schmidt arbeiten mit einer ähnlichen Erwerbsbiografie in einer Abteilung. Beide haben dort ebenfalls vergleichbare Positionen. Herr Müller verlangt alle zwei Monate einen Termin beim Chef, um über die noch ausstehende Gehaltsanpassung zu sprechen. Frau Schmidt arbeitet dagegen ehrgeizig weiter am Projekt. Das Geld für die Abteilung kommt früher als geplant – allerdings nur für einen von beiden. Was glauben Sie, wer die Gehaltsanpassung nun bekommt?

Viele Frauen denken, dass die Person mit der besseren Leistung höher entlohnt wird. Das ist eine der besten Lügen, die den Frauen erzählt wird, um sie brav und klein zu halten. *Sei schön fleißig, dann wird das schon was.* Leider funktioniert das Gehirn, wie wir oben schon gesehen haben, etwas anders, denn in diesem Fall gilt das *Law of Repetition*, in der klassischen Rhetorik auch schon bekannt unter *Repetitio*. Durch das mehrmalige Wiederholen eines Wortes oder einer Handlung erscheint der dahinterstehende Sachverhalt wichtiger für uns, in diesem Fall die Gehaltsanpassung von Herrn Müller. Da Herr Müller häufiger den Chef danach fragt als Frau Schmidt, wird seine Person stärker mit dem Gehalt verknüpft (Sie kennen das möglicherweise durch die Redewendung „jemanden auf dem Schirm haben"). Wir wissen nun nicht, was für ein Typ Herr Müller ist. Gehen wir davon aus, er ist ein äußerst anstrengender Zeitgenosse (obwohl genau genommen jeder in den Augen von irgendjemandem *anstrengend* ist). Er bekommt die Gehaltsanpassung dennoch. Das Gehirn versucht nämlich, Lust zu steigern oder Schmerz zu mindern. Ergo: Damit Herr Müller nicht weiterhin beim Chef in der Tür steht, bekommt er natürlich zuerst die Gehaltsanpassung.

Falls Sie sich gefragt haben, warum ich von einer *Gehaltsanpassung* und keiner *Gehaltserhöhung* spreche: *Anpassung* legt nahe, dass ein höheres Gehalt Ihnen aufgrund Ihrer Leistungen bereits zusteht und dieser Akt nur noch passiv vollzogen werden muss, während *Erhöhung* einen aktiven Mehraufwand für den Zahlenden suggeriert.

Frauen tun sich besonders schwer damit, über das Thema Geld zu reden, ganz zu schweigen von strategischer Geldanlage oder Altersvorsorge. Viel wird darüber geklagt, aber dabei die Tatsache verschwiegen, dass Frauen im Laufe ihres Lebens insgesamt viel weniger Gespräche über Geld inklusive Gehaltsgespräche führen, keine solide Altersvorsorge vornehmen, geschweige denn wissen, wo ihr Geld denn einfließt und was sie davon wiederbekommen. Auch hier möchte ich Sie ermuntern, das Tabu von diesem Thema zu nehmen, sich von der Rolle der Beifahrerin zu lösen und sich ans Steuer zu setzen. Selbstverantwortung in puncto Finanzen hat noch niemandem geschadet, ganz im Gegenteil. Eine ganze Branche namens Banken und Finanzmaklerei lebt von Ihrer Unsicherheit und Unwissenheit. Unter ihnen gibt es aber auch richtig gute Expertinnen, die Ihnen solide Hilfestellungen geben, um Herrin über Ihre Finanzen zu werden. Die Blogs *hermoney* oder *madamemoneypenny* machen Sie auf ansprechende Weise mit dem Thema vertraut und geben wertvolle Anlagetipps. Ich kann beide wärmstens empfehlen.

Wagen wir noch ein konkretes Gedankenexperiment. Stellen Sie sich vor, Sie wollen im nächsten Jahr mehr verdienen und nicht nur eine inflationsbedingte Anpassung von 1–2 % erhalten. Daher sollten Sie dringend wissen, wie viel Geld Sie für Ihren Lebensstil benötigen. Eine einfache Kontodurchsicht mit Einnahmen- und Ausgabenliste bringt Sie hier schon deutlich weiter. Wenn Sie sich von außen bestimmen lassen wollen, können Sie auch herausfinden, was Ihre Arbeitskraft auf dem Markt wert ist. Es gibt hierzu jede Menge an Informationen online, denn Informationsrecherche und -verifikation ist noch nie einfacher als heute gewesen. Die Digitalisierung hat auch gute Seiten! Ebenfalls bieten die Gewerkschaften (z. B. die IG Metall), die IHK oder der Betriebsrat Gehaltstabellen an, welche Sie anfordern können. Fragen Sie auch im Bekanntenkreis (optimal: Kollegenkreis) nach deren Einkünften, um eine Benchmark zu haben. Es gibt immer gewisse Spielräume, selbst in der öffentlichen Verwaltung (Zulagen, nicht-monetäre Leistungen, Urlaub etc.), die Sie aber kennen müssen, um sich richtig einzugruppieren.

Bekommen Sie keine Gehaltseinsicht, müssen Sie selbst kreativ werden und sich eine Zahl setzen. In meinen Womanomics-Seminaren rate ich den Teilnehmerinnen, auf ihre eigenen Vorstellungen noch einmal 26 % draufzuschlagen. 16 %, die Frauen sowieso weniger fordern als ihre männlichen Kollegen; 10 %, da Sie in den meisten Fällen nach unten gehandelt werden und Sie diese als Spielraum einkalkulieren müssen.

Gehen wir davon aus, Sie wollen auf 67.265 Euro brutto nächstes Jahr kommen (Gehalt wird üblicherweise als Bruttojahresverdienst angegeben). Warum so eine krumme Zahl, fragen Sie sich nun vielleicht. Wie gesagt, es ist relativ wahrscheinlich, dass Sie im Gespräch heruntergehandelt werden. Wenn Sie eine glatte Zahl wie 70.000 Euro angeben, passiert das in 5000er oder 10.000er Schritten. Bei 67.265 Euro allerdings sind die Schritte nachweislich im 100er Bereich. Das Gehirn ist schon manchmal ein wenig oberflächlich.

Wenn Sie nicht beim ersten Mal das bekommen, was Sie sich erhoffen, lassen Sie sich nicht entmutigen. Komplexe Verhandlungen brauchen manchmal auch zwei bis drei Termine mit Bedenkzeit der jeweiligen Seite. Und: Übung macht die Meisterin! Es geht darum, diese Tabuthemen erst einmal anzusprechen und langsam an Ihnen zu wachsen. Im nächsten Womanomics-Seminar können Sie das in einer entspannten Situation einmal ausprobieren!

Jetzt sind Sie dran!
Und? Wieviel Gehalt hätten Sie denn gern?

9
Kommunikation ist permanentes Missverstehen

>> Nun haben Sie es so weit geschafft, dass Sie in der Lage sind, Ihre negativen Glaubenssätze zu transformieren, Sie haben Ihre Marke w gefunden und Ihre Sprache bewusster gestaltet sowie zuletzt gelesen, worüber wir gern und ungern sprechen. Beschäftigen wir uns jetzt noch ein wenig intensiver mit dem Phänomen der Kommunikation, denn Sie wollen ja anderen mitteilen, was Sie alles erarbeitet haben.

Meist denken wir, wir kommunizieren, um uns zu verstehen. Leider ist dies nicht der Regelfall. Kommunikation ist in der Tat permanentes Missverstehen. Wir führen am Tag mehr kommunikative Reparaturhandlungen (Korrigieren,

Spezifizieren, Abstrahieren, Ersetzen, Nachfragen etc.) aus als umgekehrt.

In sozialen Systemen tauschen Mitglieder Wissen und Informationen zwar durch eine koordinierende Kommunikation aus. Oftmals versteht der Empfänger einer Äußerung jedoch etwas anderes als der Sender beabsichtigt hat. Überlegen Sie doch einmal, wie viele verschiedene Kanäle Sie am Tag nutzen, z. B. *E-Mails, SMS, Telefonate, (private) Gespräche, Chats, Social Media*, in die Sie um die 70.000–100.000 Wörter einpflegen. Klar kommen Sie da auch an Ihre kommunikativen Grenzen oder es versteht der eine oder die andere „Bahnhof". Das muss nicht zwangsweise an Ihnen liegen.

Demonstrieren wir dies einmal an einem geschlechtsneutralen Wort: *das Auto*. Was verstehen Sie darunter? An was müssen Sie denken? Möglicherweise an Ihr eigenes Auto, eine bestimmte Marke oder Farbe? Ich wette, Ihr Gedanke von *Auto* sieht anders aus als meiner. Was glauben Sie, passiert dann erst, wenn wir über sogenannte Abstrakta (wie *Geld, Beruf, Work-Life-Balance*) reden? Wie sollen wir je dieselbe Vorstellung von etwas bekommen, wenn Sie andere Autos gesehen, erlebt und gehört haben als ich in meinem Leben? Ihre Gedankenautobahn ist eine völlig andere.

In der Kommunikationsforschung fragt man sich bereits seit vielen Jahren, welche Parameter maßgeblich für unser (Nicht-)Verstehen verantwortlich sind, die ich Ihnen der Reihe nach vorstellen möchte.

Medium/Sprachkanal

Sicherlich kennen Sie diese Situation: Sie schreiben eine E-Mail, lesen zweimal darüber, bitten noch eine weitere Person um deren Einschätzung, verschicken diese und finden, Sie haben sich freundlich und verständlich ausgedrückt. Zu-

9 Kommunikation ist permanentes Missverstehen

rück kommt erst einmal gar nichts – und nach drei Tagen eine patzige Antwort. Über indirekte Kommunikationskanäle kommen die meisten Missverständnisse zustande. Neben E-Mails gibt es diverse Beispiele in den Social Media (Facebook, WhatsApp). Die Diskussion zieht sich minuten- oder stundenlang hin, ohne dass wir begreifen, was wir einander sagen wollen. Warum ist das so?

Bei indirekten Kanälen wie der E-Mail gibt es im Gegensatz zu direkten Kanälen (z. B. face-to-face-Gesprächen) keine physische Anwesenheit der Gesprächspartner und somit viel weniger Interpretationssignale. Dies können etwa die Höhe unserer Stimme, die Lautstärke, spezielle Betonungen, unsere Gesichtsmimik oder verständnisfördernde Gesten sein. Ein Satz wie *Das hast du aber toll gemacht* kann je nach Betonung sowohl ernst, aber auch sarkastisch gemeint sein. In einer E-Mail haben wir diese hilfreichen Interpretationssignale nicht und müssen vielmehr aus unserer eigenen Überzeugungen (z. B. Wünsche oder Ängste) heraus interpretieren. Da diese naturgemäß von denjenigen anderer Personen abweichen, kann es zu gravierenden Missverständnissen kommen. Erschwert wird dies bei der E-Mail durch das Kriterium der zeitversetzten, nicht-gleichzeitigen Kommunikation (im Vergleich zum Telefongespräch).

Dadurch, dass beide Gesprächspartner nicht im selben zeit-räumlichen Kontext sind, ist eine Person möglicherweise durch andere Einflussfaktoren (Hunger, Lärm etc.) abgelenkt und überträgt dies auf die Kommunikationssituation. Anders als beim Telefongespräch kann eine Korrektur nicht direkt, sondern nur zeitversetzt stattfinden, was beim Telefongespräch mit einer direkten Nachfrage oder Entschuldigung möglich wäre (*Sorry, ich bin gerade unter Zeitdruck, daher bin ich gerade genervt*).

Störquelle

Hunger und Lärm waren bereits gute Beispiele für interne sowie externe Störquellen. Dadurch, dass wir physische und raum-zeitlich beeinflussbare Wesen sind, können wir niemals unsere komplette Aufmerksamkeit auf den Gesprächspartner richten, denn wir inspizieren automatisch unser Umfeld (je nach Anlass das Buffet oder den nahenden Säbelzahntiger). Eine besonders beliebte moderne Störquelle ist das Smartphone, das häufig in beruflichen Meetings für kommunikative Barrieren sorgt. Von einer meiner Studentinnen habe ich gelernt, dass bei ihren privaten Spieleabenden ein Korb am Eingang abgestellt wird, in den alle Freunde ihre Handys werfen müssen, um eine bessere Fokussierung auf das Geschehen zu ermöglichen. Am Ende des Abends dürfen sie wieder mitgenommen werden. Etablieren Sie doch etwas Ähnliches bei sich im Büro!

Beziehung

Je nachdem, in welchem Verhältnis ich zu meiner Gesprächspartnerin stehe, bin ich gewillt, ihr mehr zu glauben, z. B. wenn ich sie gut kenne und sympathisch finde. Dieser Effekt ist etwa in Bewerbungsgesprächen beobachtet worden. Menschen, die wir sympathisch finden, wählen wir eher aus. Übrigens werden im Schnitt diejenigen Frauen bevorzugt, die ihre Haare zusammengebunden hatten. Auch in einer hierarchischen Beziehung ändern wir unsere Kommunikationsweise. Wir kommunizieren anders mit Personen, je nachdem, ob diese uns übergeordnet, gleichgeordnet oder untergeordnet sind.

Erfahrung & Fachwissen

Ihre Erfahrungen und Ihr Fachwissen, das Sie über einen Sachverhalt besitzen, bedingen Ihre Kommunikation mit anderen. Nehmen wir nochmals das Beispiel Auto. Wenn Sie schon einmal einen schweren Unfall hatten, reagieren Sie möglicherweise gereizt auf das Thema oder versuchen dies von sich fernzuhalten. Sie sehen nur noch die Gefahren, die durch das Autofahren entstehen. Anders ist es möglicherweise, wenn Sie als Ingenieurin ganz genau wissen, wie ein Auto mechanisch funktioniert, wann die Airbags auslösen und welche Belastungen die Stahlkiste aushält. Sie haben dann einen ganz anderen Zugang zum Thema Auto. Wir sprechen in der Linguistik auch von der Experten-Laien-Kommunikation, die uns das Kommunizieren erschwert. Eine Person weiß immer mehr als eine andere. Wie viel muss sie von ihrem Wissen mitteilen? Wie viel kann sie voraussetzen? Wir müssen Informationen explizit machen, damit der andere uns versteht. Teilen wir jedoch zu viel mit, denkt der andere, er würde belehrt werden. Es ist manchmal wirklich ein schmaler sprachlicher Grat.

Einstellungen & Werte

Wir bleiben beim Auto. Wenn Sie überzeugte Grünen-Aktivistin sind, wird eine Kommunikation mit Ihnen über dieses Thema in eine andere Richtung gehen als bei zwei überzeugten VW-Fahrern. Sie haben möglicherweise selbst kein eigenes Auto und setzen sich für Fahrradwege in der Innenstadt ein. Die von ihrem neuen Porsche schwärmende Kollegin wird es schwer mit Ihnen haben, da Sie bereits ein unterschiedliches Wortinventar nutzen. Sie sieht das Auto als notwendige *Mobilität*, Sie als unnötige *Verschmutzung*.

Kultur, Geschlecht, Alter & Gruppe

Je nach Sprachgemeinschaft kommunizieren wir in einem bestimmten Stil, was wir bereits weiter oben behandelt haben. Dass je nach Kultur, Geschlecht, Alter und Gruppe verschiedene Wörter und Themen verwendet werden, dürfte daher bekannt sein. Frauen benutzen beispielsweise weniger das Wort *Karriere*, sondern eher die Wortverbindung *berufliche Entwicklung*. Im Gespräch könnte dies für Missverstehen sorgen. Wir werden auf den Themenbereich Geschlecht in Kürze nochmals gesondert eingehen. Davor muss ich aber noch ein paar grundlegende Bemerkungen zum Thema Kommunikation machen.

Sie sehen, wie anstrengend und langwierig es ist, zu verstehen und verstanden zu werden. Wenn Sie das Thema an dieser Stelle noch weiter vertiefen wollen, empfehle ich Ihnen die Videos von Vera Birkenbihl auf Youtube. Ansonsten können Sie nochmals in die Reflexion gehen.

> **Jetzt sind Sie dran!**
> Welche Barriere betrifft Sie am meisten?

Nicht-Verstehen ist auch gut!

Ich wage eine steile These! Verabschieden wir uns von dem utopischen und quälenden Ideal, dass wir einander richtig und umfassend verstehen müssen. Wie viele Kundenberater oder Beziehungsratgeber posaunen die Lobeshymne des Einander-Verstehen-Wollens völlig undifferenziert in die Welt hinaus. Ein totales Verstehen ist unmöglich, aber ein gegenseitiges Annähern kann möglich gemacht werden!

Nicht-Verstehen kann durchaus nützlich sein, denn es ist ein Zeichen für problematisierendes Denken. Wer nicht

9 Kommunikation ist permanentes Missverstehen

versteht, lernt gerade vom neuen psychischen System des Gesprächspartners. Dazu gehören Offenheit und Mut, denn das Nicht-Verstehen muss artikuliert werden („Moment! Das verstehe ich so nicht, weil …" oder „Erklärt mir mal bitte, was … sein soll"). In diesem Moment begeben wir uns wissenstechnisch in die Laien-Position. Wir können auch gar nicht anders: Nur unser Gesprächspartner ist Experte oder Expertin für seine Gedanken – wir können leider nicht in sein Gehirn hineinschauen. Trotzdem scheuen sich viele Menschen, ernsthaft nachzufragen und Interesse an den Gedanken des anderen zu äußern, die völlig fremd zu sein scheinen. Wir denken, das Äußern von Nicht-Verstehen wirke dumm oder falsch. Ganz im Gegenteil: Nur so kann ehrliche Anteilnahme am System des anderen erst entstehen. Selbst wenn es um ein fachliches Thema geht, in dem alle Kollegen einen ähnlichen Wissensstatus haben, gilt: Wer denkt, er oder sie wisse alles, hat in meinen Augen nichts verstanden. Wo keine Fragen mehr offen sind, hat sich jemand nicht getraut, das wirklich Wichtige zu fragen. Verschiedene Menschen haben lediglich einen Zeit- und Wissensvorsprung, ihr Wissen ist jedoch auch beschränkt. Sich „richtig" verstehen (oder vielmehr ein Annähern an das Verstehen des/der Anderen durch einzelne Interpretationsakte) ist ein endloser Prozess, den der Philosoph Hans-Georg Gadamer (1990) einst mit dem sogenannten hermeneutischen Zirkel anschaulich beschrieben hat.

Das Vorverständnis, welches man von einem Sachverhalt hat, wird durch den Kontakt mit einem anderen Gehirn erweitert oder korrigiert, was zu einem verbesserten Verständnis führt. Hier kann als Beispiel die Einführung der Frauenquote genannt werden, wogegen sich zunächst viele Unternehmen wehrten. Nachdem sie einige Zeit eine weibliche Führungsperson hatten, fiel ihnen auf, dass nach anfänglichen Irritationen bessere Kommunikation im Team sowie eine Umsatzsteigerung erreicht wurden. Eine Frau als Führungskraft war nun doch denkbar. Manchmal kann Verstehen also auch die Läuterung der eigenen Vorurteile bedeuten, besonders bei der Frage, was robustes Wissen und was nur schlecht begründetes Urteil ist.

Das sogenannte Design Thinking, das bereits auf die Antike zurückgeht und regelmäßig ein neues Vermarktungslabel bekommt, erobert in dieser Hinsicht gerade den Markt. Dabei geht es um das Einfühlen in die Zielgruppen und das ständige Hinterfragen von als gesichert angenommenem Wissen. Eine Endlosschleife aus Sagen – Zuhören – Zurückspielen entsteht, da jede Sender-Empfänger-Beziehung hochindividuell und mit verschiedenen Faktoren, die zu Missverstehen führen können, belastet ist. Aufgrund dieser Faktoren kann auch die Wirkung von Kommunikation niemals vorausgesagt, noch technisch generiert werden. Es kann immer nur eine Mutmaßung sein. Ich gebe ein Bedeutungsangebot – heraus kommen die verstandenen Bedeutungen.

> **Jetzt sind Sie dran!**
> Was oder wen haben Sie noch nie/immer nicht verstanden?

Emotionsmanagement durch sprachliche Distanzierungsarbeit

Stellen Sie sich vor, Sie tauschen mit der Person am Nachbartisch im Café Blicke aus, lächeln sich zu, machen ein charmantes Kompliment. Fällt das unter Flirten? Berechtigt es Ihre Partnerin zu Eifersucht? Und umgekehrt: Wann sind Sie eifersüchtig, wenn ihr Partner flirtet? Es gibt hier keine objektive Wahrheit, aber ich zeige Ihnen, wie Sie

Ihre jeweiligen Wahrheiten sprachlich gemeinsam aushandeln können.

Bleiben wir doch einmal objektiv! – Wer hat diesen Satz noch nicht gehört? Wie wir aber bereits wissen, besitzt jeder Mensch auf Grund eigener Wahrnehmungsfilter, die durch seine Erziehung und Erfahrung entstanden sind, eine individuelle Wahrheit. Diese eigene „Wahrheit" ist aber nicht wirklich „wahr", sondern die Folge von Denkmustern und Sichtweisen. Es ist uns jedoch möglich, den anderen unsere Wahrheit zu erklären und ein nachvollziehendes Verstehen zu ermöglichen. So kann bei uns beiden eine Horizonterweiterung eingeleitet werden, die mit einer (selbst-)kritischeren, offeneren Grundhaltung einhergeht, die vieles in Beziehungssituationen – egal mit wem – einfacher macht. Wer akzeptiert, dass seine Sichtweise nicht „richtiger" als die des anderen ist, hat es um vieles leichter im Umgang mit anderen Menschen.

Für die *Heilbronner Stimme* wurde ich einmal gebeten, ein Interview zum Thema „Sprache der Eifersucht" zu geben, was sowohl Frauen als auch Männer betrifft. Diese Anekdote passt hervorragend zu unserem aktuellen Kapitel. Als Beispiel diente der Akt des Flirtens. Nur weil ein Beziehungspartner eine Handlung als *Flirten* wahrgenommen und bezeichnet hat („Du hast mit X geflirtet!"), muss dies nicht die „Wahrheit" sein, geschweige denn vom anderen so wahrgenommen werden. Unsere Vorstellungen von *Flirten* können Welten voneinander entfernt sein. Um weitere Konflikte zu vermeiden, sollten beide Beziehungspartnerinnen daher ein klärendes Gespräch anstreben, um der anderen die eigene Weltsicht bzw. Wahrheit verstehbar zu machen.

Sprachliche Distanzierungsarbeit kann dabei helfen, sich dieser eigens konstruierten Wahrheit bewusst zu werden. Wenn Sie die Möglichkeit haben, rate ich Ihnen, zu Stift und Papier zu greifen, da durch den physischen Akt des Schreibens die Externalisierung (die Nach-Außen-Verlagerung) der eigenen Gedanken noch effektiver stattfindet.

> **Beispiel**
>
> Spielen wir diese Methode an einem Beispiel durch, indem wir im ersten Schritt versuchen, unsere Wahrheit zu beschreiben:
>
> A) Ich bin eifersüchtig, da mein Partner mit X flirtet.
>
> Nun begeben wir uns auf die nächste Ebene (die sogenannte Metaebene), indem wir uns aus der Vogelperspektive beobachten:
>
> B) Ich sehe, wie ich eifersüchtig bin, da meine Partnerin mit X flirtet.
>
> In einer weiteren Abstraktion versuchen wir, uns von der individuellen Wahrheit zu lösen, indem wir *ich* durch *es* ersetzen:
>
> C) Es ist Eifersucht da, da mein Partner mit X flirtet.
>
> In der letzten Abstraktion, die ich Ihnen anbiete, stellen wir auch unsere Bezeichnung von etwas in Frage (das sogenannte „Labelling"):
>
> D) Es ist ein Gefühl da, das ich als *Eifersucht* bezeichne, da mein Partner mit X flirtet.

Das sprachliche Hinterfragen ist ein wichtiger Schritt zur Distanzierung, da Emotionen in Worte gefasst und dadurch „mittelbar" werden. Gleichzeitig können wir gedanklich von ihnen zurücktreten, da wir sie zu Papier gebracht haben, was für unsere seelische Hygiene bedeutsam ist. Allein durch diese kognitive Arbeit kann eine Emotion, in unserem Fall Eifersucht, abgeschwächt und als weniger intensiv erlebt werden, sodass wir in der Lage sind, unsere

9 Kommunikation ist permanentes Missverstehen

Wahrheit mit der von anderen zu vergleichen und auszuhandeln. Unsere Emotionen beobachten zu lernen, ohne sie sogleich anzunehmen, ist Teil eines gelungenen Emotionsmanagements.

Wenn Sie diese Technik eine Zeit lang praktizieren, werden Sie sicherlich Muster bei sich erkennen, z. B.: In welchen Situationen reagiere ich mit einem Gefühl, das ich als *Eifersucht* bezeichne? Welche anderen Emotionen treten daneben auf? Wie hätte ich normalerweise gehandelt (z. B. Vorwurf „Du hast mit X geflirtet!"). Könnte ich auch anders handeln? Dies führt zwangsläufig dazu, dass Ihnen auch alternative Handlungsmöglichkeiten zugänglicher werden, z. B. das Gespräch ernsthaft zu suchen anstatt dem/der Partner/in im Affekt eine Szene zu machen. Neue Gedankenautobahnen müssen allerdings erst fertig gebaut werden und Sie wissen, wie beschwerlich es sich an Baustellen manchmal arbeitet. Also haben Sie Geduld mit sich und Ihrem Gesprächspartner. Aber vor allem: Reden Sie!

Ich bin der Meinung, es gibt nichts, über das wir nicht sprechen sollten. Wir sollten auch über das Reden reden oder über das Nicht-Gelingen des Redens. Im gemeinsamen Gespräch kann man seine Verstehensentwürfe angleichen. Wenn etwas sprachlich thematisiert wird, verliert es an Bedrohlichkeit. Beide Kommunikationspartner lernen sich besser kennen und man trifft sich jenseits der eigenen und anderen Sprachgrenzen. In unserem Beispiel könnte dies folgendermaßen aussehen:

- Was bedeutet Flirten für mich, was für dich?
- Woran erkenne ich, dass du flirtest bzw. ich flirte?
- Was kann ich in unserer Partnerschaft akzeptieren, wo sind meine/deine Grenzen?
- Was bedeutet Partnerschaft überhaupt für mich? Welche Rechte und Pflichten entstehen daraus?

- Wie können wir gewährleisten, dass wir uns beide auf gemeinsame Rechte und Pflichten verständigen? Was tun wir, wenn einer davon abweicht?

Jeder hat Ängste und alte Wunden, die mehr oder weniger aufgearbeitet sind. Die Transformation in die Sprache macht diese gegenständlich und damit auch besser mit anderen verhandelbar. Oft verfertigen sich Gedanken auch erst beim Sprechen, z. B. erkennt man selbst erst, warum die Kommunikation über ein gewisses Thema so anstrengend ist.

> **Jetzt sind Sie dran!**
> Wie könnte ein Gespräch bei Ihnen aussehen? Zu welchem Thema fände dies statt?

Von Sach- und Beziehungsebene oder Man kann nicht nicht kommunizieren
Wenn Menschen miteinander ins Gespräch gehen, bedeutet dies, dass zwei verschiedene Welten aufeinander prallen, die mit unterschiedlichen Wahrheiten einhergehen, wie wir auf den letzten Seiten gesehen haben. Manch eine versucht sich dann auf die „Sachebene" zu flüchten und vergisst, dass gegenüber von ihr weiterhin ein Mensch sitzt.

Der große Paul Watzlawick (2011) hat in seinen Axiomen (Grundsätze, die keiner Beweise bedürfen), eindrücklich aufgezeigt, dass jede Kommunikation IMMER einen Inhalts- und Beziehungsaspekt hat. Allein die Tatsache, dass wir mit einem Menschen zu sprechen beginnen, ist der Eintritt in eine Beziehung. Wir können uns davon also nicht frei machen. Stellen wir uns Sach- und Beziehungsebene vor wie zwei Teile eines Eisbergs – die Sachebene oberhalb des Meeresspiegels, die Beziehungsebene darunter.

9 Kommunikation ist permanentes Missverstehen

Wir alle wissen, dass Eisberge unterhalb der Wasseroberfläche gigantische Ausmaße annehmen können, auch wenn man dies vorerst nicht erahnen kann.

Übertragen wir dies auf ein Gespräch, kann es vorkommen, dass möglicherweise ein Satz fällt, der etwas unter der Oberfläche bei uns oder dem Gegenüber triggert. Nehmen wir an, dass wir möglicherweise selbst nicht genau erahnen können, was es ist, und vor allem, dem anderen nicht zeigen wollen. Erinnern Sie sich noch einmal an die Mind-Fucks®: Diese Glaubenssätze können uns triggern. Vielleicht schämen wir uns für diese Ängste und (kindlichen) Bedürfnisse. Wie anstrengend ist es manchmal gerade dann, die Fassade aufrecht zu halten!

Was resultiert daraus? Wir reagieren auf für uns verständliche Weise, doch das Gegenüber kann dies nicht nachempfinden und geht auf Distanz. Paul Watzlawick hat diese Erkenntnisse in seinem Lesebuch *Man kann nicht nicht kommunizieren* (2011) verarbeitet. Auch wenn wir scheinbar die Fassade aufrecht erhalten (auf der Sachebene!), senden wir allein durch unsere Körperhaltung oder unseren Gesichtsausdruck schon diverse Informationen an andere, die außerhalb der Sachebene liegen. Auch das, was wir nicht sagen, spricht dann für oder gegen uns. Kein Mensch ist also in der Lage, sich von der Beziehungsebene völlig zu entkoppeln, allein Maschinen können das. Daher sind sie uns, wenn es darum geht, rationale Entscheidungen zu treffen, überlegen.

Das Eisberg-Modell im Bereich der Interkulturellen Kommunikation hat das Zusammenwirken von Sach- und Beziehungsebene trefflich zusammengefasst (vgl. Schein et al. 1989). Es stützt sich auf die Theorie der Persönlichkeit von Sigmund Freud und gehört zu den wesentlichen Säulen der Kommunikationstheorie zur zwischenmenschlichen Kommunikation. Nach Freud liegen nur 20 % der Handlungsmotive im sichtbaren Bereich. Der weitaus größere Anteil der Motive, etwa 80 %, liegt demnach im Bereich des Vorbewussten und des Unbewussten. Diese verborgenen Persönlichkeitsanteile kann der Mensch ohne analytische Betrachtung kaum wahrnehmen. Nach der von Paul Watzlawick auf die Kommunikation übertragenen Theorie entspricht der sichtbare Bereich der Sachebene (rational) und der unsichtbare Bereich der Beziehungsebene (emotional). Ist die Beziehungsebene bei einem Menschen gestört, so hat das nach Watzlawick unweigerlich Auswirkungen auf die Inhaltsebene.

Bedanken wir uns nicht, wertschätzen wir nicht die getane Arbeit der anderen, kommen wir regelmäßig zu spät zu Verabredungen – dies alles kann beim Gegenüber für Missmut sorgen. Hier kehren wir zurück zum Thema weibliche und männliche Kommunikation, denn Frauen wird oft nachgesagt, sie kommunizierten auf der Beziehungsebene besser. Ob das wirklich stimmt, zeigt das nächste Kapitel.

Literatur

Gadamer, Hans-Georg. (1990): Wahrheit und Methode. Grundzüge einer philosophischen Hermeneutik. Tübingen: J.C.B. Mohr (Paul Siebeck).

Schein, V. E., Mueller R., & Jacobsen, C. (1989): The relationship between sex role stereotypes and requisite management characteristics among college students. In: Journal of Applied Psychology 57(2), S. 95–100.

Watzlawick, Paul (2011): Man kann nicht nicht kommunizieren. Bern: Huber.

10

Von geschlechtsspezifischem Sprechen zu empathischer Kommunikation

》In einer bislang von Männern dominierten Welt werden Frauen durch andere Sprachgewohnheiten manchmal missverstanden und interpretieren Äußerungen von Männern selbst in anderer Weise. Die Gesprächsforschung hat in den letzten Jahren viele Erkenntnisse zu Frauen- und Männersprache hervorgebracht.

Tab. 10.1 zeigt, welche Unterschiede zwischen Frauen und Männern dabei bewiesen werden konnten, wobei natürlich eine individuelle Variation von Sprechern immer zu berücksichtigen ist, bei der Status, Alter oder Kultur eine essenzielle Rolle spielen.

Sehen wir uns die einzelnen Unterschiede einmal näher an: Die stimmlichen Unterschiede dürften wenig überra-

Tab. 10.1 Sprechunterschiede bei Frauen und Männern

Parameter	Frauen	Männer
Stimme	leise/hoch („schwach")	laut/tief („stark")
Unterbrechungen	weniger	häufiger
Redezeit	kürzer	länger
Themenbestimmung	weniger	häufiger
Bezüge Vorredner	mehr	weniger
Weichmacher (Heckenausdrücke)	häufiger	weniger
Minimalbestätigungen	häufiger	weniger

schen, da Männer und Frauen aufgrund ihrer Physiologie einen unterschiedlichen Sitz ihres Kehlkopfes haben, der Männern eine tiefere Stimme verleiht (Männer haben auch ca. 14 % mehr Muskelkraft als Frauen). Aber: Aufgrund von Erziehung und Mediensozialisation haben Frauen es dennoch gelernt, höher zu sprechen, als sie es eigentlich müssten.

Derzeit lässt sich ein rückläufiger Trend beobachten: Radio- oder TV-Moderatorinnen haben durch Stimmtrainings häufig bereits erlernt, bis zu einer Terz (3 Töne) tiefer zu sprechen. Diese Entwicklung belegt auch eine Studie des Sprechwissenschaftlers Michael Fuchs vom Universitätsklinikum Leipzig (2015), bei der 2500 Personen abseits der Medien untersucht wurden: Der Unterschied beträgt jetzt nur noch eine Quinte (5 Töne). Die Männerstimmen veränderten sich dagegen nicht. Weder konnten als Ursache hormonelle Veränderungen, noch Einfluss von Zigarettenkonsum gefunden werden. Die Forschenden vermuten daher eine soziologische Erklärung, da die „helle Piepsstimme" nicht mehr mit einem modernen Rollenbild der Frau vereinbar sei. Eine tiefe Stimme konnotieren wir, wie auch die Tabelle zeigt, mit Stärke und Kompetenz, sodass die weibliche Stimmveränderung als Folge der Emanzipation gesehen werden kann.

Für die Parameter *Unterbrechungen, Redezeit* und *Themenbestimmung* lässt sich bislang kaum eine Veränderung feststellen, denn hierbei sind die meisten Frauen noch stärker in klassisch-konservativen Rollenbildern verhaftet und halten sich daher mit Redebeitrag, -länge und -thema zurück. Häufig wurden in der Forschung gerade darauf aufbauende prototypische Gesprächsstile beschrieben: *Frauen lassen Männer gewinnen, Männer kämpfen. Frauen kooperieren, Männer rivalisieren.* Marion Knaths (2009) spricht diesbezüglich von horizontaler Kommunikation bei Frauen, die reden, um Gemeinsamkeiten herzustellen, während Männer vertikal sprechen, um sich darzustellen und sich mit anderen messen wollen. Warum das so ist, haben wir mit Verweis auf Biologie und Sozialisation bereits herausgearbeitet.

Auch im Jahr 2021 tun sich Frauen noch schwer mit der rivalisierenden Status-Kommunikation, die als „männlich" gesehen wird. Die Behauptung, Frauen pflegten Kommunikation v. a. auf der Beziehungsebene, Männer auf der Sachebene, kann also größtenteils bejaht werden.

> Die Parameter *Bezüge Vorredner*, *Weichmacher* und *Minimalbestätigungen* in der Tabelle spielen ebenfalls auf diese strukturellen Kommunikationsunterschiede an:
>
> - Frauen sorgen eher für den roten Faden im Gespräch, indem sie Beziehungen zu ihrem Vorredner herstellen (*wie wir gerade gehört haben, wie Herr Meier bereits sagte*), was auch ein Akt der Wertschätzung durch Resonanz des Gesagten ist.
> - Frauen nutzen mehr Weichmacher (Ihnen schon bekannt als Heckenausdrücke) wie *eigentlich, vielleicht, ich denke, ich würde*. Dies sind sprachliche Schutzhandlungen, um das Gegenüber nicht in einem schlechten Licht dastehen zu lassen (*Ihr Angebot ist vielleicht nicht das, was wir gerade brauchen*). Sie dienen dazu, Aussagen zu relativieren, um den anderen vor öffentlichen Anschuldigungen zu schützen.
> - Minimalbestätigungen am Satzende wie *ja?* und *oder?* (*Das wollten Sie sagen, oder?*) sind Kooperationsangebote, um die Einverständniserklärung des Gegenübers einzuholen.

Innerhalb der Soziologie hat Erving Goffman (1969) solche Strategien bereits in den 1960er-Jahren als sogenannte face-saving-Strategien beschrieben, um das gewünschte öffentliche Selbstbild eines Individuums in sozialer Interaktion mit anderen Personen aufrechtzuerhalten und nicht anzugreifen. Wir kennen diese soziale Handlung im Deutschen auch unter der Versprachlichung „*Gesicht wahren*". Von uns allen wird in der Gesellschaft implizit erwartet, Kenntnisse über Techniken des face-saving zu besitzen, die wir als *Taktgefühl, savoir-faire, Höflichkeit, Diplomatie* oder *soziale Geschicklichkeit* bezeichnen. Das Gegenüber fühlt sich dadurch in seinem Selbst bestätigt und kommunikativ sicher. Dass eher Frauen zu diesem „kommunikativen Pampering" neigen, führt dazu, dass sie häufig die angenehmeren und wertschätzenderen Gesprächspartner sind, ihr Selbst jedoch weniger in positionierender Weise einbringen. Natürlich hat dies auch Auswirkungen auf die schriftliche (digitale) Kommunikation. Die Comedian Sarah Cooper bringt es in ihrem Buch *How to be Successful Without Hurting Men's Feelings* (2018) auf den Punkt. Ironisch präsentiert sie „9 Non-Threatening Leadership Strategies for Women": Anstelle einer „drohend" formulierten Mail (*Send me the presentation when it's ready.*) solle frau „nicht-drohend" schreiben (*Hey Jake!* ☺ *Can I take a peek at your presentation when it's ready?* ☺ *Thanks!!* ☺ ☺*!*) – unter Verwendung von Höflichkeitsfloskeln und Emojis (Cooper 2018).

Gerade die digitale Kommunikation sorgt aber auch für Änderungen in der face-saving-Arbeit, nicht nur wegen der Einführung der Emojis. Durch virale Kommunikation ist häufig kein direkter physischer Kontakt („face") mehr vonnöten, der die klassischen Mechanismen und damit Geschlechterrollen mehr und mehr verschwimmen lässt. „Frauen sind die beruflichen Karrieregewinner der Digitalisierung" lautet daher auch das Ergebnis einer von ver.di veröffentlichten Studie (DGB 2017).

Um diese Entwicklung wirklich aktiv voranzutreiben, ist allerdings ein Mix vonnöten, der sprachliche Merkmale beider Geschlechter enthält. Für Frauen gilt es etwa, das Gesprächsrecht für sich aktiv einzufordern, indem sie (natürliche) Redepausen nutzen, die z. B. am Satzende entstehen, um sich zu positionieren („Ich habe dazu auch noch einen Einwand …"), Themen zu setzen („Was haltet ihr von der Väterzeit?") und sprachliches Klein machen durch Heckenausdrücke zu vermeiden. Nun sind Sie wieder an der Reihe mit einer kritischen Selbstbefragung Ihres Kommunikationsverhaltens.

> **Jetzt sind Sie dran!**
> Werden Sie beim Sprechen lauter oder leiser, bei welchen Themen oder welchen Gesprächspartnern? Wie direkt fordern Sie etwas ein? Bestimmen Sie die Themen?

Das perfekte Gespräch
Ein flexibles Wechseln zwischen männlichem und weiblichem Stil stellt also die ideale Voraussetzung für ein gelingendes Gespräch dar. Je nach Situation, Gesprächspartnerin, aber auch Ihrer Laune können Sie so männliche oder weibliche Stile nutzen. In der Realität erscheint dies jedoch schwieriger als in der Theorie, da zu dieser Art der Kommunikation beide Sprecher beitragen müssen. Optimale Kommunikation bedeutet Kooperation von beiden Seiten.

Der Sprachphilosoph Paul Grice hat hierfür das Kooperationsprinzip geprägt, wobei er sich an den Kant'schen Verstandsbegriff anlehnte:

> „Gestalte deinen Gesprächsbeitrag so, dass er dem anerkannten Zweck dient, den du gerade zusammen mit deinen Kommunikationspartnern verfolgst."
> (übersetzt nach Grice 1989, S. 26)

Vereinfacht gesagt lässt sich das Kooperationsprinzip so ausdrücken, dass ein Sprecher seine Äußerung so macht, dass die Hörerin im jeweiligen Gesprächskontext versteht, was der Sprecher damit meint. Wir haben schon gesehen, wie komplex der Akt des „Verstehens" ist. Zweitens geht die Hörerin davon aus, dass der Sprecher schon etwas Sinnvolles gesagt haben wird und sucht bei Verständnisproblemen nach dem wahrscheinlichsten Sinnzusammenhang. Die Äußerung „Wo geht es hier zum Bahnhof?" ist dem Wortsinne nach mehrdeutig, allerdings werden wir diese Aussage wohl alle auf den Bahnhof der jeweiligen Stadt beziehen, in der wir uns gerade aufhalten. Wir unterstellen jedem, der uns anspricht, also erst einmal keine böse Intention, außer wir haben entsprechende negative Erfahrungen (z. B. Belästigungen, Gewalt) gemacht. Erst als letzte Möglichkeit rücken wir davon ab und interpretieren die Äußerung als nicht kooperativ (z. B. Angriff, Kritik, Gesprächsabbruch).

Paul Grice hat auf diesen Prämissen vier Konversationsmaximen aufgestellt (Grice 1975), die nach ihm als Grundsätze einer idealen Kommunikation gelten, von denen wir als Hörerinnen in einem Gespräch annehmen, dass sie befolgt werden.

Oder kürzer: Sage nur, was informativ, wahr und wichtig ist, und sage dies klar und deutlich! Der folgende Kasten gibt einen Überblick über die vier Konversationsmaximen und die einzelnen dazugehörigen Aspekte:

1. Maxime der Quantität (Maxim of Quantity)
   - Mache deinen Gesprächsbeitrag mindestens so informativ, wie es für den anerkannten Zweck des Gesprächs nötig ist.
   - Mache deinen Beitrag nicht informativer, als es für den anerkannten Zweck des Gesprächs nötig ist.
2. Maxime der Qualität (Maxim of Quality)
   - Versuche einen Gesprächsbeitrag zu liefern, der wahr ist.
   - Sage nichts, wovon du glaubst, dass es falsch ist.
   - Sage nichts, wofür du keine hinreichenden Anhaltspunkte hast.
   - Vermeide unnötige Weitschweifigkeit.
   - Vermeide Ungeordnetheit.
3. Maxime der Relevanz (Maxim of Relevance)
   - Sage nichts, was nicht zum Thema gehört, wechsle nicht das Thema.
4. Maxime des Stils/der Modalität (Maxim of Manner)
   - Vermeide Unklarheit.
   - Vermeide Mehrdeutigkeit.
   - Vermeide unnötige Weitschweifigkeit.
   - Vermeide Ungeordnetheit.

Die Praxis sieht leider anders aus: Weder wird der Sprecher alle diese Regeln befolgen, noch tun wir dies selbst, wenn wir zu Sprechern werden. Ein Großteil unserer Gesprächsbeiträge – egal ob in beruflicher oder anderer Kommunikation – folgt nicht diesen Konversationsmaximen. Wir nutzen Smalltalk oder Gerüchte und befolgen damit nicht die Regeln der Qualität und Relevanz. Manche Personen führen Monologe, was der Quantität entgegenläuft. Wiederum andere sind unklar oder mehrdeutig in ihren Aussagen, was aber auch für Ironie und Sarkasmus gilt (Modalität).

Ich sehe allerdings ein viel größeres Problem in der zwischenmenschlichen Kommunikation als die Nichtbefolgung der Grice'schen Maximen. Was er hier beschreibt, sind Kriterien für ein effizientes Gespräch – aber ist es damit auch effektiv? Effizienz sagt nur aus, dass ein Prozess richtig funktioniert, nicht aber, dass das Ziel dessen richtig ist. Das Ziel kann für mich in einer gelingenden Kommunikation nur das annähernde Verstehen an den anderen sein, für das es einer genuin-menschlichen Fähigkeit bedarf: Empathie.

> **Jetzt sind Sie dran!**
> Wie empathisch sind Sie selbst, auf einer Skala von 1 bis 10?

Empathie als kommunikativer Skill 4.0
Ein perfektes Gespräch muss nicht nur effizient, sondern auch effektiv sein. Doch während jemand mit uns spricht, sind wir bereits viel zu häufig in Gedanken mit unserer Antwort oder einer Gegenargumentation beschäftigt, um möglichst „effizient" zu sein. Nur der aufmerksame Zuhörer kann allerdings wirklich versuchen, zu verstehen, erkennt Signale und Botschaften des anderen und ist in der Lage, angemessen zu reagieren (= Effektivität). Kompetente Kommunikation heißt, die eigene Wahrnehmung für den anderen Menschen und das Gesagte zu schärfen (= Empathie).

Was macht empathisches Kommunizieren aus? Ich muss als Sprecher eine Vorstellung darüber haben, was die Vorstellung meines Gegenübers über etwas ist und ob wir in unserer Erfahrung eine gemeinsame Übereinkunft über den besprochenen Gegenstand oder Prozess hatten. Nur wenn ich in der Lage bin, mich in die Erfahrungen und das gegenwärtige Erleben der anderen Person hineinzuversetzen und mitzufühlen, kann eine Annäherung zwischen uns stattfinden. Empirisch belegt können Frauen das besser. Aus der Hirnforschung kommt hier die Bestätigung, denn bei Männern scheint das Mitgefühl vornehmlich als das Ergebnis einer rationalen Analyse zu entstehen und nicht als wirklich emotional geprägtes Gefühl, so zeigen es Hirnscans. Die Gesellschaft, in der wir aufwachsen, spielt allerdings eine wichtige Rolle bei der Ausbildung unserer moralischen und sozial-emotionalen Überzeugungen, die dann unsere Reaktionen bedingen. Allerdings auch unser Beruf: In einer weiteren Studie aus Mexiko City, in der Polizisten untersucht wurden, konnte gezeigt werden, dass die Aktivität im Empathiezentrum deutlich verringert ist (Schultz 2011).

Prinzipiell können wir allem Empathie entgegenbringen, dem wir eine Identität zuschreiben, sogar Dingen (z. B. *mein armes Auto/Handy*). Durch Empathie wird Kooperation und damit Zuwendung zur Perspektive des anderen erst möglich, wodurch eine effektive Kommunikation gelingt. Es gilt also gerade für Männer, dass sie stärker Einfühlungsvermögen erlernen müssen. Durch Sprache kann dies geschehen, z. B. durch Nachfragen (*Erklär mir das genauer!*), Anteil nehmen (*Das ist aber schade*), individuelles Interesse (*Wie war das für dich?*). Wir sind als Mensch prinzipiell in der Lage, die Perspektive eines anderen in unserem Geist zu simulieren – daher müssen wir nicht alles von Beginn an erklären. Die mentale Simulation ist eine unserer kognitiven Fähigkeiten, die jeder Mensch besitzt. Empathie bedeutet nun zusätzlich, Emotionen bei uns und anderen zu erkennen (z. B. Freude oder Abneigung bei einer Handlung), zu versprachlichen und damit umzugehen.

Gerade Frauen sind Meisterinnen dieses Hineinversetzens-in-andere, sehen dies aber zu häufig als Nachteil. Wir haben in der westlichen Gesellschaft digitale Instrumente und ein technisches Verständnis, die beide hoch entwickelt sind, doch im sozialen Umgang miteinander und unserem Emotionsmanagement stecken wir noch in der Steinzeit! Der Erwerb sprachlicher empathischer Fähigkeiten sowie die Kultivierung dieser sind dringend angezeigt, wenn wir uns als Gesellschaft nachhaltig ethisch weiterentwickeln wollen, wie es für die Arbeitswelt 4.0. nötig ist.

Hierzu habe ich das Konzept der EEK (effektive emphatische Kommunikation) entwickelt, das eine Weiterführung der Grice'schen Maximen um das kommunikative Merkmal der Empathie ist. Emphatisches Kommunizieren kann als wertvolle persönliche Eigenschaft zu Ihrem Vorteil und zur insgesamt befriedigenderen Gesprächsarbeit führen!

EEK (effektive emphatische Kommunikation)
Frauen verhandeln einfach anders – und schöner, sagt Uta Herbst von der Universität Hohenheim (Oberhofer 2010). Sie gehen wesentlich diplomatischer mit ihren Verhandlungspartnern um, zeigten ihre Analysen (Sagner 2017). Der Stil von Frauen ist stärker auf Vertrauen angelegt und kann sich daher positiv auf die Vertragsabschlusswahrscheinlichkeit auswirken. Die Gefahr der Selbstüberschätzung, die ein Grund für das Scheitern von Vertragsverhandlungen ist, ist bei Frauen geringer. Frauen demütigen auch viel seltener die Gegenseite – ein bei Männern recht verbreiteter Verhandlungsfehler.

Das sich-Einfühlen in die andere sowie das gemeinsame Aushandeln von Themen ist bei manchen Kommunizierenden leider nicht ausgebildet worden, dabei ist dies so wichtig, wenn eine langfristig positive Beziehung angestrebt wird. Ich beobachte und lausche regelmäßig Gesprächen fremder Menschen in öffentlichen Verkehrsmitteln. Sie können beispielsweise in der Deutschen Bahn wunderbare Kommunikationsanalysen durchführen. Hierzu ein Beispiel aus meinem Gedächtnis, anhand dessen ich Ihnen nun die Prinzipien der effektiven emphatischen Kommunikation (EEK) erläutern werde:

> Das Grundprinzip der EEK besagt: erst A → A', dann B → B'.
> Beispiel:
> A: Ich habe leider den Zuschlag für das Projekt nicht bekommen, das ist echt doof.
> B: (nickt) Was gibt es heute zu Mittagessen?

Was heißt das? Erst wenn das Thema von A entsprechend wertgeschätzt und behandelt wurde, bringt B sein Thema ein, außer wenn B in zeitlicher/räumlicher/psychischer Not sein sollte. In unserem Fall träfe dies zu, wenn B beispielsweise an der nächsten Haltestelle aussteigen müsste oder kurz vor einem Zusammenbruch stände. Dies war in diesem Gespräch jedoch nicht der Fall. Beide Kommunikationspartner hatten noch eine ausreichend lange Strecke vor sich und wirkten physisch wie psychisch stabil.

Was ist hier also passiert? Wir können davon ausgehen, dass A seine negative Erfahrung mitteilen wollte, um „anerkannt" zu werden, was ein menschliches Grundbedürfnis als soziales Wesen darstellt. Seinen Ausdruck von Trauer zeigen die Wörter *leider* sowie *echt doof*.

B bestätigt nun kommunikativ durch ein Nicken, dass er A gehört hat. Sprecher denken häufig, ein Blickkontakt oder ein leichtes Nicken würden reichen, um schnell den eigenen Beitrag platzieren zu können oder ein unangenehmes Thema zu umgehen. Die weit verbreitete Ignoranz des Prinzips der EEK schafft nur einen Selbstbezug von B und keine Perspektivenübernahme von A. B antwortet in diesem Beispiel nämlich auf A's Klage nur mit seiner eigenen Klage als Vergleich. Möglicherweise ist dies durchaus beschwichtigend gemeint, löst das Problem von A aber nicht, denn A zielt auf eine Würdigung seines individuellen Erlebens, indem B die Einladung annimmt, die Erfahrung mit ihm kommunikativ zu teilen.

B könnte diesen Wunsch beispielsweise durch einen einfachen Aussagesatz erfüllen, z. B. *Ich habe das schon gelesen, dass X das Projekt bekommen hat.* Ein fortgeschrittener B setzt hier auch eine Anerkennung der Emotion ein (*Das tut mir leid für dich*) oder einen aufbauenden Vergleich (*Dafür hast du Y bekommen, mach dir nichts daraus*). Es geht also primär darum, dass B beim Redebeitrag von A bleibt und diesen in A' weiterführt, was ein kooperatives Verhalten darstellt. A hat dann wiederum die Möglichkeit, diesen Beitrag erneut zu ergänzen (A'': *Ich ärgere mich total darüber, da ich so hart dafür gearbeitet habe*) oder das Thema zu wechseln, möglicherweise eine Frage an B zu stellen (*Wie ist es bei dir gelaufen?*). Fragen sind ebenfalls ein wichtiges Mittel der EEK, weil sie ein Interesse an der Lebenswelt des anderen suggerieren.

Nur wenn beide Perspektiven, A und B, zur Sprache kommen, können Sprecher zu einer Annäherung an gegenseitiges Verstehen kommen, indem sie möglicherweise beide von ihren negativen Erlebnissen und Emotionen bzgl. des Projekts berichten und Einigung auf eine neue Perspektive C erzielen (z. B. *das Projekt passt nicht zu uns*). Durch diese geteilte Aufmerksamkeit bzgl. der Perspektive des anderen entsteht eine Einigung auf zweiter Ebene und beide Sprecher fühlen sich dennoch in ihrer Individualität wertgeschätzt, da die zweite Ebene ihre eigene (erste) nicht tangiert.

- Aufrichtiges Interesse (ausreden und ausreden lassen)
- Aktives Zuhören mit sprachlichen Verständnissignalen (nicht nur Nicken und Blickkontakt)
- Geduldige Akzeptanz und Verstehen des anderen psychischen Systems
- Neues entdecken (nicht Erwartungen hineinhören und eigenes Konzept aufdrängen wollen)

- Perspektivübername: sehen Sie die Welt aus den Augen der anderen
- Gemeinsames Problemlösen (Wörter und Empfindungen aufnehmen, nachfragen)
- „Pampering" (Emotionen wertschätzen, das Gesagte spiegeln)
- Gesprächsbeiträge aufnehmen (= Kooperation, nicht nur eigene Beiträge platzieren wollen)
- Gesprächspartner zur Lösung verhelfen

Ist keine kommunikative Einigung möglich, kann man sich auch darauf einigen, dass *keine* Einigung möglich ist. Vera Birkenbihl hat hierzu das Wort zweinigen[1] geprägt (unter anglikanischen Klerikern fand sich schon 1770 die Phrase *agree to disagree*). Dadurch ist gewährleistet, dass die individuelle Wahrheit jeder Person anerkannt wird, obwohl ein höheres Verstehen auf zweiter Ebene nicht möglich ist.

Welche Faktoren sind also essenziell für die EEK? Ich fasse nochmals zusammen:

Wie bereits beschrieben, haben Frauen meist bessere emphatische Fähigkeiten in der sprachlichen Kommunikation. Es sind jedoch auch nonverbale Fähigkeiten, wie Blickkontakt, Lächeln, Nicken, welche die EEK unterstützen können. Tab. 10.2 mit einer Übersicht über nonverbale Signale, die wir als positiv oder negativ deuten, erleichtert Ihnen Ihre EEK-Praxis:

Interessanterweise werden in manchen gesprächslinguistischen Studien die positiven Signale Männern und die negativen Frauen zugeschrieben (Kotthoff und Nübling 2018). Die Praxis bestätigt diese These leider nur allzu oft. Haben Sie schon einmal bemerkt, wie die meisten Frauen in Diskussionen stehen? Gern wird hier die Pose eingenommen, indem die Beine überkreuzt werden oder die

---

[1] https://imagefaktur.de/zweinigkeit-homage-vera-birkenbihl/ (letzter Zugriff: 15.07.2020).

Tab. 10.2 Übersicht über nonverbale Signale

Positive Signale (vermitteln Kompetenz, Sicherheit)	Negative Signale (vermitteln Unwissenheit, Unsicherheit)
Körperhaltung senkrecht, frontal, dem Publikum zugewandt, offen und frei, beidbeinig, Raum einnehmen, erhobener Kopf	Schwankend, kippend
Arme seitlich hängend oder Nabelposition, langsame Bewegungen	Wild gestikulierend, Hosentasche
Blickkontakt suchen, freundlicher Gesichtsausdruck, natürliches Lächeln, Nicken	Blickkontakt vermeiden, Schnappatmung
Ruhiges Hantieren mit Hilfsmitteln	Hektisches Umherwuseln
Langsames Sprechtempo, lautere Stimme, klare Artikulation, Pausen	Nuscheln, rasen, …

Brust eingezogen wird. Dies dient der kommunikativen Verkleinerung, während sich Männer eher vergrößern (Arm auflegen, breitbeinige Pose). Daher sollten Sie, wenn Sie sich angesprochen fühlen, gerade vermehrt auf Ihre nonverbale Kommunikation achten.

> **Jetzt sind Sie dran!**
>
> Was beherrschen Sie schon intuitiv im Bereich der EEK? Was könnten Sie sich noch antrainieren?

Literatur

Cooper, Sarah (2018): How to be Successful Without Hurting Men's Feelings. Kansas City: Andrews McMeel Publishing.

DGB – Deutscher Gewerkschaftsbund (2017): Was bedeutet die Digitalisierung der Arbeitswelt für Frauen? Eine Beschäftigtenumfrage. Broschüre des Institut DGB-Index Gute Arbeit, März 2017.

Goffman, Erving (1969): Wir alle spielen Theater. Die Selbstdarstellung im Alltag. München: Piper.
Grice, H.P. (1975): Logic and Conversation. In: Cole, Peter und Jerry Morgan (Hrsg.): Speech Acts. New York: Academic Press, S. 41–58.
Grice, H.P. (1989): Studies in the Way of Words. Cambridge: Harvard University Press.
Knaths, Marion (2009): Spiele mit der Macht: Wie Frauen sich durchsetzen. München/Zürich: Piper.
Kotthoff, Helga und Damaris Nübling (2018): Genderlinguistik. Eine Einführung in Sprache, Gespräch und Geschlecht. Tübingen: Narr.
Oberhofer, Petra (2010): Frauen verhandeln anders. In: business-wissen.de, 31.08.2010. https://www.business-wissen.de/artikel/verhandlungstechnik-frauen-verhandeln-anders/ (letzter Zugriff: 26.05.2020)
Sagner, Franziska: (2017): So, und jetzt zum Geschäftlichen! Wer verhandelt besser – Frauen oder Männer? In: Gesellschaft für empirische Organisationsforschung, 01.09.17, http://gfeo.de/2017/09/wer-verhandelt-besser-frauen-oder-maenner/ (letzter Zugriff: 10.01.20)
Schultz, Nora (2011): Männer und Frauen fühlen anders mit. In: SPIEGEL Wissenschaft, 06.05.11. https://www.spiegel.de/wissenschaft/mensch/psychologie-maenner-und-frauen-fuehlen-anders-mit-a-760169.html (letzter Zugriff: 20.05.2020)
Universitätsklinikum Leipzig (2015): Fünf Jahre Erwachsenenstudie. LIFE präsentiert Ergebnisse. Pressemitteilung vom 24.09.15, Universitätsklinikum Leipzig. https://www.uniklinikum-leipzig.de/presse/Seiten/Pressemitteilung_5830.aspx (letzter Zugriff: 15.07.20)

ded # 11

Kommunikationsherausforderungen in der Arbeitswelt 4.0

》Die Prinzipien der EEK lassen sich nicht nur auf alltägliche Gespräche, sondern gerade auf schwierige kommunikative Situationen anwenden, etwa Konfliktgespräche mit Kollegen, der Vermieterin, dem Partner, den Eltern etc., die aufgrund verschiedener Erfahrungen oder Persönlichkeitsdispositionen konfliktbeladen sein können.

Gerade hier gilt es, den Versuch einer empathischen Perspektivenübernahme möglich zu machen, auch wenn das manchmal sehr schwierig ist. Denken Sie immer daran: Ihre Wahrheit ist nicht die einzige Wahrheit. Sie sollten der anderen Person die Möglichkeit eines kommunikativen Kontakts auch nicht verwehren, wenn dieser aktiv gesucht wird. Das ist leichter gesagt als getan.

> Es gibt so viel über sich selbst zu erfahren im empathischen Austausch mit anderen. Häufig sind solche Gespräche wie ein Ausbalancieren zwischen verschiedenen Polen, die Sie möglicherweise als unvereinbar sehen.
>
> - Nähe vs. Distanz
> - Teilnehmen vs. Beobachten
> - Ratio vs. Emotion
> - sicheres Wissen vs. unsicheres Gefühl
> - Subjektivität vs. Objektivität
> - Rolle vs. Position

Wir balancieren auf dem schmalen Grat der Annäherung an den anderen, ohne ihn zu verletzen, gleichzeitig wollen wir aber auch unsere eigenen Bedürfnisse platzieren. Das alles gelingt nur durch behutsame Kommunikation. Es lohnt sich auf jeden Fall langfristig, eine Beziehung, und damit das Gespräch am Laufen zu halten – nutzen Sie die Blockaden als Sprungbrett Ihres eigenen Verstehens! So erweitern auch Sie Ihren Horizont und erfahren noch mehr über sich selbst. Treffen Sie sich an einem Ort jenseits von wahr und falsch. Viele vergessen im Eifer ihres Egos, dass es nicht relevant ist, wer Recht oder Unrecht hat, sondern was wichtig ist, um eine gemeinsame Lösung zu finden.

Arbeitswelt 4.0. = Frau 4.0.?
Es ist noch gar nicht so lange her, dass es Frauen per Gesetz erlaubt wurde, sich beruflich zu betätigen (1977), geschweige denn ein eigenes Bankkonto zu eröffnen (1962). Unter dem Einfluss der Frauenbewegung hat sich in Deutschland eine Menge getan, auch in der Sprachpolitik.

(Psycho-)linguistische Studien zeigen, dass es besonders zwei Bereiche gibt, in denen ein „geschlechtergerechter Sprachgebrauch" einen signifikanten Einfluss auf die Wahrnehmung von Personen hat, nämlich bei Personen-, Funktions- und Amtsbezeichnungen. Organisationen bearbeiten bereits seit einigen Jahren diesen neuralgischen Punkt und umgehen ihn mithilfe von Anglizismen, z. B. *Sales Manager*. Glücklicherweise haben sich inzwischen auch ein Bundestagsbeschluss zur expliziten Doppelbenennung bei Berufsbezeichnungen (z. B. *Professorin/Professor*) oder neutrale Formen wie *Studierende* konsequent durchgesetzt.

Think-Tanks wie das Zukunfts-Institut in Hamburg proklamieren dieser Zeit den sogenannten Gender Shift:[1] „Frauen strömen in klassische Männerdomänen und Führungspositionen, während Männer sich stärker der Vaterrolle öffnen." Wörter wie *Female Shift, Sheconomy* oder *Womanomics* zeigen an, dass sich in puncto Geschlechterrollen etwas tut. Frauen werden im Berufsleben mitgedacht, was u.a. weibliche Formen wie *Vorständin*, die seit 2012 offiziell im Duden rangieren, beweisen. „Rückentwicklungen" zum Patriarchat sind dagegen die Wahl Donald Trumps zum amerikanischen Präsidenten sowie die „Genderwahnsinn"-Rufe von Gesellschaftsgruppierungen wie der AfD. Die Forschung zeigt jedoch eindeutig: Bereits bei einer Frau im Team sind Interessenverbände erfolgreicher. Dies zeigte zum Beispiel eine Untersuchung[2] des Peterson Instituts aus dem Jahr 2014, das 22.000 Firmen auf der ganzen Welt miteinbezog.

Vergleichsweise wenige Männer sind in typischen Frauenberufen zu finden, während Frauen zunehmend typische Männerberufe ergreifen. In Deutschland sind 30 % der insgesamt knapp 4,9 Millionen Führungskräfte in der Privatwirtschaft Frauen. In den vergangenen 20 Jahren stieg ihr Anteil um zehn Prozentpunkte. Doch privat geht es

---

[1] https://www.zukunftsinstitut.de/dossier/megatrend-gender-shift/ (letzter Zugriff: 15.07.2020).
[2] https://www.piie.com/publications/wp/wp16-3.pdf (letzter Zugriff: 15.07.2020).

nicht recht voran, wie der Führungskräfte-Monitor 2017 des DIW Berlin zeigt (Holst und Friedrich 2017). Laut der Zeitverwendungsstudie des Statistischen Bundesamtes (2015) wenden voll erwerbstätige Frauen mit Kindern 1,6-mal mehr Zeit für die Betreuung ihres Nachwuchses und des Haushaltes auf als ihre männlichen Partner, selbst wenn sie bereits Führungspositionen innehaben Von den vollzeiterwerbstätigen Frauen in Führungspositionen erledigt noch immer jede Dritte den Hauptteil des Haushalts (Rudnicka 2019), während dies bei männlichen Führungskräften ein verschwindend geringer Teil von drei Prozent tut. 47 % der weiblichen Führungskräfte leben in Haushalten mit gleichberechtigter Aufgabenteilung, während dies 2015 bei 31 % der männlichen der Fall war. Damit ist der Wert seit 1995 zwar deutlich gestiegen, in den meisten Haushalten ist aber noch immer die tradierte Rollenverteilung anzutreffen.

> **Was ist Arbeit 4.0?**
> Digitale Technologien ermöglichen mehr Mobilität und Flexibilität und fördern neue Formen der Arbeit und der Lebensgestaltung. Arbeiten in digitalen Welten bietet neue Chancen für „Remote-Arbeiten" und Home Office und verlangt somit auch nach einer neuen Arbeitskultur. Zugleich brechen alte Privilegien und Statussymbole weg, Führung verteilt sich auf verschiedene Rollen und wird zur kooperativen Aufgabe: Kollektive Intelligenz und Teamarbeit sind gefragt.
> Zu den neuen Anforderungen an Arbeitnehmer gehört auch der „Blick über den Tellerrand", außerdem gewinnen kommunikative, soziale und integrative Kompetenzen immer mehr an Bedeutung.
> Die neue „Life-Career" ersetzt die klassische Karriere und rückt die permanente Weiterentwicklung (Stichwort lebenslanges Lernen!) von Arbeitnehmerinnen in den Fokus. Eine Gefahr der neuen Freiheiten liegt jedoch in der Unkultur der permanenten Verfügbarkeit – Sie sollten Ihr Augenmerk daher stets auch auf die *Work-Life-Balance* richten.

Jedoch, so muss man fairerweise sagen, öffnen sich Männer stärker der Vaterrolle, was uns auch die Sprache verrät, denn in dieser zeigen sich schon früh neue Denkformen und damit einhergehend soziale Veränderungen an. Wortformen wie *neuer Mann, Papazeit, Papagruppe, Vaterzeit* oder *Vätermonat* sind entstanden. *Vätermonat* wird seit 2009 im Duden geführt. Interessant ist hierbei, was die Entstehung dieser neuen Wörter aussagt: Nehmen wir den Ausdruck *Vaterzeit*. Anscheinend ist in unserer gedanklichen Vorstellung, die wir vom temporären Ausstieg aus dem Beruf zur Kinderversorgung haben, der Vater nicht präsent. Unter *Elternzeit* wurden ausschließlich Frauen verstanden. Um nun zu bezeichnen, dass immer mehr Väter diese Aufgabe übernehmen, entstand ein neuer Benennungsbedarf und somit das Wort *Vaterzeit*. Derselbe Mechanismus gilt übrigens umgekehrt für die Wörter *Karrierefrau* oder *Working Mum*. Mütter, die arbeiten oder Karriere machen? Völlig ausgeschlossen.

Schauen wir uns nun weibliche Formen wie *Vorständin* oder *Chefin* gemeinsam mit dem Terminus *Arbeit 4.0* an, erkennen wir bei beiden einen Anstieg. Sprache reagiert eben auf veränderte gesellschaftliche Gegebenheiten. Auch *Google Trends*[3] veranschaulicht diesen Zusammenhang mithilfe der Suchanfragen für *Arbeit 4.0* und *Chefin*.

> **Jetzt sind Sie dran!**
> Den Anstieg der Ausdrücke *Arbeit 4.0* und *Chefin* können Sie selbst nachverfolgen, wenn Sie bei Google Trends den Zeitraum von 2004–2020 für diese Formen angeben.

„Arbeit 4.0 ist weiblich" behauptet ver.di (2015), während andere Analysen (z. B. von AT Kearney) Frauen als die

---

[3] https://trends.google.de/trends/?geo=DE (letzter Zugriff: 15.07.2020).

Verlierenden ansieht. Sicherlich wird es in Zukunft viele Vorteile für Frauen geben. Die Flexibilisierung der Arbeit (bzgl. Raum, Zeit, Person) führt zur besseren „Vereinbarkeit" von Job und Familie. Cloudwork und Plattformisierung von Dienstleistungen machen Arbeiten zu fast allen Zeiten völlig ortsungebunden möglich (Amazon Mechanical Turk hat beispielsweise einen Frauenanteil von 70 %). Um sich virtuell zu koordinieren, sind vor allem kommunikative & soziale Fähigkeiten gefragt, was (wie wir bereits gesehen haben) vielen Frauen entgegenkommt. Sie finden dadurch leichteren Zugang zu klassischen IT-Berufsfeldern und anderen männerdominierten Branchen. Letztlich wird auch das Aufbrechen von hierarchischen Führungsstrukturen den Aufstieg vieler Frauen erleichtern („leaky pipeline"), was durch die Digitalisierung hervorgerufen wird.

Was bedeutet Arbeit überhaupt für mich? Diese Frage werden sich in Zukunft mehr und mehr gut ausgebildete Frauen stellen, die vor allem durch Digitalisierung profitieren. Geht es mir um intrinsische oder extrinsische Arbeitswerte, die mich antreiben? Was erfüllt mich wirklich? Dieser Frage können Sie mithilfe Tab. 11.1 selbst auf den Grund gehen:

Tab. 11.1 Intrinsische und extrinsische Arbeitswerte

intrinsische Arbeitswerte	extrinsische Arbeitswerte
Arbeit als Freude	Arbeit als Instrument (z. B. hohes Gehalt)
Arbeit als Selbsterfüllung (Leistungspotenzial)	Andere direkt vorteilhafte Ergebnisse der Arbeit
Verantwortung und Autonomie	Arbeit als soziale Institution, z. B.:
	Arbeit als gesellschaftliche Norm
	soziale Kontakte
	sozialer Status
Weiterentwicklung	
Lebenslanges Lernen	

Arbeit 4.0. löst aber nicht alle Genderfragen. Bestehen bleiben Gender Pay Gap und Gender Pension Gap, die strukturell bearbeitet werden müssen. Auch in der geschlechtsspezifischen Berufs- und Branchenwahl sollte mehr Diversität herrschen. Besonders Bereiche, die derzeit fast ausschließlich von Männern bzw. Frauen beherrscht werden (Finanzen, Militär, Erziehung, Care-Bereich), sind in ihrer Kommunikation und ihren sozialen Regeln erheblich update-bedürftig. Die Aufteilung der Erwerbs- und Familienarbeit muss zwischen Partnern neu ausgehandelt werden, sodass nicht nur die Frauen den Löwenanteil stemmen. Zuletzt muss die Substitution durch Maschinen gerade bei Frauen vorgebeugt werden, da diese in betroffenen Feldern tätig sind (z. B. Buchhaltung, Office Management), sodass die Digitalisierung nicht zur Prekarisierung von Arbeitnehmern, v. a. alleinerziehenden Müttern beiträgt. Bislang zeichnet sich nämlich ab, dass neben diesen Müttern in Fachkraftberufen und Helferinnenberufen verlieren könnten. Hier bedarf es also zusätzlicher Qualifizierungs-, Weiterbildungs- sowie Unterstützungsanstrengungen!

Für Frauen und Männer ist also auch 2021 noch viel Arbeit nötig. Wir sehen, dass mehr und mehr Frauen sichtbar werden wollen und dass wir neue weibliche und männliche Vorbilder haben (Sheryl Sandberg, Heidi Stopper, Justin Trudeau, Emanuel Macron). Die Sensibilisierungsangebote wie Vorträge und Fortbildungen zum Thema Kommunikation, Empathie und Gender nehmen ebenfalls zu. Trotzdem sind wir noch nicht am Ziel. In der Arbeitswelt 4.0. wird es noch um einiges mehr gehen als nur um das Geschlecht. Es geht um die Neudefinition von Zeit, Raum, Qualifikation sowie eine Vermittlung zwischen den Polen Individuum vs. Gesellschaft, Mensch vs. Maschine und Arbeit vs. Freizeit. Um entsprechend reflektiert darüber zu kommunizieren, muss jedoch eine Klärung auf individueller Ebene vorangegangen sein, die über das eigene Denken und Sprechen operiert.

> **Jetzt sind Sie dran!**
> Welche Werte treiben Sie an?

Gerade unsere (Online-)Medien sind sehr mächtige Akteure im Bereich der Kommunikation und halten Denkmuster und Stereotype (nicht nur bzgl. der Geschlechter) aufrecht. Sie haben große (außer-)sprachliche Verantwortung bei diesem Thema, welche sicherlich auch gesetzlich stärker fokussiert werden könnte, denn die schablonenartige Wahrnehmung von Personen hindert die persönliche Potenzialentfaltung, das Durchdringen von Bereichen (z. B. Führung und Technik für alle Geschlechter) und schädigt somit langfristig auch Arbeitgeber.

Auch Arbeitgeber müssen sich mit entsprechenden Stereotypen, die sprachlich aufrecht erhalten werden, auseinandersetzen. Etwa können in Unternehmen (z. B. im Recruiting) digitale (Text-)Analysen durchgeführt werden, indem mit entsprechenden Vorarbeiten Medien auf ihre Geschlechtersensibilität analysiert werden. Computergestützte Verfahren wie das *Gender Controlling*[4] der Autorin können schnell und kostengünstig auf Karriereseiten oder Stellenausschreibungen angewendet werden und das Geschlechterstereotypen indizierende Wortmaterial (wie *analytisch, emotional*) automatisch testen: Wie werden Frauen und Männer bezeichnet, welche Wörter werden wie häufig verwendet? Welche weiblichen und männlichen Vor-

---

[4] https://drfemfatale.de/leistungen/gender-controlling-it-gestutzt/ (letzter Zugriff: 15.07.2020).

bilder werden gezeichnet? Nicht nur Sprach-, sondern auch Bilderkennung spielt dabei eine Rolle: Sind Frauen und Männer auf Bildern etwa in gleicher Anzahl und Weise vertreten?

Es zeigt sich zudem, dass allein die Anwesenheit erfolgreicher weiblicher Führungskräfte im Arbeitskontext implizite Geschlechterstereotype reduzieren und somit deren karriereschädlichen Effekten entgegenwirken konnte. Je höher der Anteil an weiblichen Führungskräften war, desto geringer fällt die implizite Assoziation von Frauen mit „Untergebene" und Männern mit „Führungskräfte" aus. Bei nur einem kleinen Frauenanteil an der Spitze werden Frauen jedoch weiterhin als „Ausnahme von der Regel" wahrgenommen.

Literatur

Holst, Elke und Martin Friedrich (2017): Führungskräfte -Monitor 2017. Update 1995–2015. Deutsches Institut für Wirtschaftsforschung: Politikberatung kompakt 121. https://www.diw.de/documents/publikationen/73/diw_01.c.561925.de/diwkompakt_2017-121.pdf (letzter Zugriff: 15.07.2020)

Rudnicka, J. (2019): Statistiken zu Haushalten in Deutschland. In: statista, 16.07.19. https://de.statista.com/themen/2141/haushalte-in-deutschland/ (letzter Zugriff: 15.07.2020)

Statistisches Bundesamt (2015): Zeitverwendungserhebung. Aktivitäten in Stunden und Minuten für ausgewählte Personengruppen 2012/2013. Wiesbaden.

ver.di (2015): „Ich bin mehr wert". Interview mit Ute Brutzki. Frauennewsletter vom 17.12.2015. In: ver.di, 17.12.2015. https://tk-it.verdi.de/themen/nachrichten/++co++9f29c37e-b846-11e5-b8b2-525400ed87ba (letzter Zugriff: 10.03.2021).

12

Fazit

Was haben Sie nun aus diesem Buch mitgenommen? Diese Frage können nur Sie selbst für sich beantworten. Sie haben gesehen, wie Denkmuster uns negativ beeinflussen, wie wir diese aber auch abschwächen können. Im letzten Abschnitt haben wir viel über das Sprechen (mit anderen) nachgedacht. „Wer nicht redet, wird nicht gehört." (Bundeskanzler Helmut Schmidt Stiftung 2019) Dieses Zitat stammt von Helmut Schmidt und ich möchte diesem aus voller Überzeugung beipflichten. Ich wollte Sie mit diesem Buch motivieren, den Pfad zu Ihrem gewünschten Selbst zu festigen. Vielleicht haben Sie bereits während der Lektüre andere Ausfahrten als gewöhnlich von Ihrer Gedankenautobahn genommen. Vielleicht haben Sie auch schon mit dem Weiterausbau einer Landstraße begonnen, eine Brücke hinzugefügt, oder – das darf auch sein – Spielstraßen und Straßensperrungen eingerichtet. Ich beglückwünsche Sie! Das beste Projekt, an dem Sie je arbeiten werden, sind Sie.

Das Buch sollte Ihnen dabei helfen, sich selbst zu kartieren, sodass Sie wissen, wo Sie in sich nach etwas suchen müssen, um sich sprachlich zu positionieren oder negative Gedanken abzuschwächen. Ein klarer Fokus macht ein erfüllendes Leben leichter. Die Übersetzung in Sprache unterstützt Sie dabei, damit Sie sich mitteilen können. Vergessen Sie daher bitte nicht die wichtigsten Erkenntnisse dieser Lektüre:

- Auflösung von Denkblockaden
- Stärkung der Selbstpositionierung durch Sprache
- Gesprächsverhalten (Themensetzung, Unterbrechung)
- Tabuthemen aufbrechen
- Erlernen von sprachlichen Rollen (m/w) und EEK je nach Situation

Sprache muss jedenfalls im Mittelpunkt dieser Diskussion stehen, denn sie kleidet unsere Gedanken und erschafft dadurch Wirklichkeiten für ihre Sprecher. Dies kann dazu motivieren, Sprache so zu verwenden, dass alle Geschlechter bzw. Identitäten gleichermaßen sichtbar und zudem wertschätzend angesprochen werden. Mehr Offenheit in Bezug auf Geschlecht bzw. Gender ist dringend gefordert, jenseits der bloßen Konzentration auf die Zweigeschlechtlichkeit von Mann und Frau, die andere Geschlechter per definitionem bereits ausschließt (etwa im Rahmen von LGBTQI* Fragestellungen). Dies muss sich auch sprachlich widerspiegeln (z. B. in *Mitarbeiter*innen*). Gleichzeitig müssen auch andere soziale Rollen mitbetrachtet werden, denn Geschlecht ist nicht die einzige verhaltensdeterminierende Variable, was ich an vielen Stellen angesprochen habe. Sprachliche Sensibilität herzustellen ist also weiterhin eine zentrale wissenschaftliche und auch gesellschaftspolitische Herausforderung.

Zwar sind bezüglich der Teilhabe und Mitgestaltung von Frauen und anderen Geschlechtern bereits einige Fortschritte zu verzeichnen, doch gibt es noch viel sprachliche Aufklärungsarbeit, gerade auch in Bezug auf die Wahrnehmung anderer Geschlechter jenseits der Tradition. Daher gilt nach wie vor:

- Sagen Sie offen, was Sie (nicht) wollen. Selbstlob/-kritik inklusive.
- Spekulieren Sie nicht über Mögliches, sondern fragen Sie aktiv nach.
- Überprüfen Sie ihr eigenes Verstehen (mentale Selbstsabotage).
- Beziehen Sie Missverständnisse nicht nur auf Ihr Geschlecht.

Mehr dazu gibt es im nächsten Buch!
Ich freue mich schon auf Sie!
Ihre Simone Burel

Literatur

Bundeskanzler Helmut Schmidt Stiftung (2019): Zitatesammlung. https://www.helmut-schmidt.de/helmut-schmidt/zitatesammlung/ (letzter Zugriff: 26.05.2020)

Weiterführende Literatur

Austin, John L. (1975): How to do things with words. Oxford: Oxford University Press.
Bock, Petra (2011): Mindfuck. Warum wir uns selbst sabotieren und was wir dagegen tun können. München: Knaur.
Bock, Petra (2015): Mindfuck Job. So beenden Sie Selbstblockaden und entfalten Ihr volles berufliches Potenzial. München: Knaur.
Braun, Friederike; Gottburgsen, Anja; Sczesny, Sabine; Stahlberg, Dagmar (1998): Können Geophysiker Frauen sein? Ge-

nerische Personenbezeichnungen im Deutschen. In: Zeitschrift für Germanistische Linguistik 26(3), S. 265-283.

Cerenak, Markus (2013–2020): Die kleine Rebellion gegen das Hamsterrad. https://markuscerenak.com/ (letzter Zugriff: 26.05.2020)

Goffmann, E. (1967): Interaction Ritual: Essays on Face-to-Face Behavior. Garden City: Double Day.

Hentschel, T. und L. Horvath (2015): Passende Talente ansprechen – Rekrutierung und Gestaltung von Stellenanzeigen. In: Peus, C; Braun, S.; Hentschel, T. und D. Frey (Hrsg.): Personalauswahl in der Wissenschaft – Evidenzbasierte Methoden und Impulse für die Praxis. Heidelberg: Springer. S. 65-82.

Herrmann, Susanne (2017): Gleichberechtigung in den Medien? Fehlanzeige. In: W&V, 06.11.2017. https://www.wuv.de/medien/gleichberechtigung_in_medien_fehlanzeige (letzter Zugriff: 19.05.2020)

Jobware GmbH (1996–2019): Jobware.de. https://www.jobware.de/ (letzter Zugriff: 03.12.2019)

Kahnemann, Daniel (2012): Thinking, Fast and Slow. London: Penguin Books.

Lakoff, Robin (1975): Language and Woman's Place. New York: Harpercollins College.

Max-Neef, M.: http://www.gudrun-haas.de/mediapool/143/1432099/data/max-neef_tabellen.pdf

Modler, Peter (2017): Das Arroganz-Prinzip: So haben Frauen mehr Erfolg im Beruf. Frankfurt am Main: S. Fischer.

Noland, Marcus; Moran, Tyler und Barbara Kotschwar (2016): Is Gender Diversity Profitable? Evidence from a Global Survey. Working Paper 16-3 des Peterson Institute for International Economics. https://www.piie.com/publications/wp/wp16-3.pdf (letzter Zugriff: 15.07.20)

Pinker, Steven (2011): The Better Angels of Our Nature: Why Violence has Declined. New York: Penguin.

Schmader, Toni (2010): Stereotype Threat Deconstructed. Current Directions in Psychological Science 19(1), S. 14–18.

Stämpfli, Regula: Lieber ich als perfekt. Warum Denken schön macht und wie ich authentisch lebe. München: Südwest.

Stüber, Katharina (2017): Gesetzliche Frauenquote: Eine Erfolgsgeschichte? Studie zur Umsetzung der Frauen- und Geschlechterquote in DAX- und MDAX-Unternehmen. Frankfurt: Allen & Overy.
Tannen, Deborah (1991): Du kannst mich einfach nicht verstehen. Warum Männer und Frauen aneinander vorbeireden. Hamburg: Ernst Kabel Verlag.
TU Ilmenau (2012): Das Chefarzt-Rätsel. Ein Film des Gleichstellungsbüros der TU Ilmenau „Bunter Kaffee", 13.01.12. https://www.youtube.com/watch?v=VPBlFZGWYy0 (letzter Zugriff: 19.12.19)
Watzlawick, P., Beavin J. H., & Jackson, D.D. (2000): Menschliche Kommunikation. Formen, Störungen, Paradoxien. Bern: Hogrefe.
Wikipedia (2019): WikiProjekt Frauen/Frauen in der Wikipedia. https://de.wikipedia.org/wiki/Wikipedia:WikiProjekt_Frauen/Frauen_in_der_Wikipedia#WMF-2018 (letzter Zugriff: 02.01.19)
Woelki, Marion und Michaela David (2015): Aktive Rekrutierung von Wissenschaftlerinnen als Bestandteil eines wertschätzenden Berufungsmanagements an der Universität Konstanz. In: Claudia Peus et al. (Hrsg.): Personalauswahl in der Wissenschaft. Evidenzbasierte Methoden und Impulse für die Praxis. Berlin/Heidelberg: Springer.
Zukunftsinstitut GmbH (2020): Megatrend Gender Shift. https://www.zukunftsinstitut.de/dossier/megatrend-gender-shift/ (letzter Zugriff: 15.07.20)

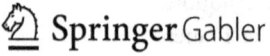 springer-gabler.de

Simone Burel

Quick Guide Female Leadership

Frauen in Führungspositionen in der Arbeitswelt 4.0

Springer Gabler

Jetzt im Springer-Shop bestellen:
springer.com/978-3-662-61302-3

GPSR Compliance
The European Union's (EU) General Product Safety Regulation (GPSR) is a set of rules that requires consumer products to be safe and our obligations to ensure this.

If you have any concerns about our products, you can contact us on

ProductSafety@springernature.com

In case Publisher is established outside the EU, the EU authorized representative is:

Springer Nature Customer Service Center GmbH
Europaplatz 3
69115 Heidelberg, Germany

www.ingramcontent.com/pod-product-compliance
Lightning Source LLC
LaVergne TN
LVHW020347260326
834688LV00045B/1581